경제

경제로 보는
우리 시대의 키워드

경제 e

EBS 지식채널ⓔ 지음

북하우스

prologue

붉은색 태그
NAME
IMMEDIATE
LIFE THREATENING
PERSON NEEDS CARE AT
ONCE OR WITHIN 1 HOUR
INJURIES

누구에게
붉은색 태그를
줄 것인가

아니
주지 않을 것인가

인명 구조원 도착 후

30초에서 60초 사이

부상자들에게 주어지는
4가지 색의 트리아지 태그 Triage Tag

MORGUE 검은색

: 사망 혹은 사망까지 진통제만 투여

IMMEDIATE 붉은색

: 생명이 위험한 상태. 즉각적인 구호 조치 필요

DELAYED 노란색

: 구호 조치가 지체되어도 생명에 지장이 없는 부상

MINOR 초록색

: 경미한 부상

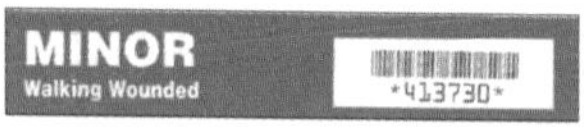

모든 부상자들에게
의료 서비스가 필요하지만

부족한 의료진

"어떤 환자에게
우선적으로 의료 서비스를 지원할 것인가!"

구호 조치가 의미 없는 부상자

구호 조치가 덜 시급한 부상자 대신

구호 조치가 가장 시급한
붉은색 태그를 받은 부상자에게

먼저 의료진을 투입하여
이후 단계별로 치료한다

그러나
모든 부상자들이
생명이 위험한 상황이라면?

누구에게 붉은색 태그를 줄 것인가

아니
누구에게 붉은색 태그를 주지 않을 것인가

내 지갑 속의 돈이
투자할 수 있는 자금이
정부의 예산이
부족하다

거대한 지구도
모든 인류의 욕망을 채워주기엔
부족하다

"누구에게 붉은색 태그를 줄 것인가."

AM

contents

2부 누구를 위한 것인가

3부 무엇을 할 것인가

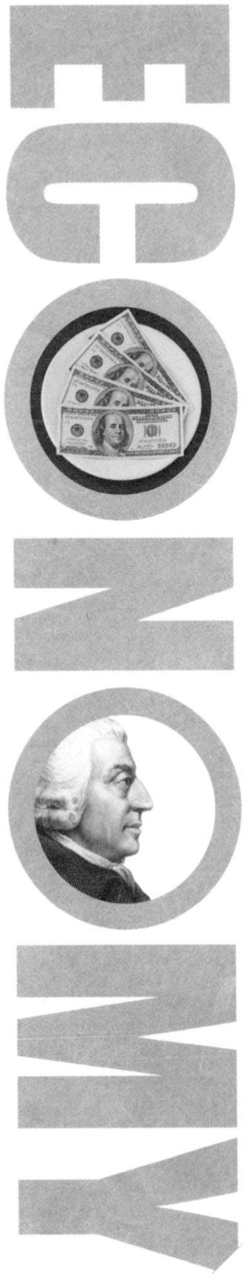
ECONOMY

1부

어떻게 이해할 것인가

01

최초의
위대한 경제학자

그가 물었다

"이 세상의 모든 탐욕과 야망의 목표,
부와 권력과 명성을 추구하는
목표는 무엇인가?"

르네 데카르트
프랜시스 베이컨

종교 교리보다 이성을 중시했던
사상가들처럼

니콜라스 코페르니쿠스
갈릴레오 갈릴레이
아이작 뉴턴

권위에 따르지 않고 실험과 관찰을 믿었던
과학자들처럼

새로운 시각에서 세계를 바라봤던
최초의 경제학자

18세기 중반 스코틀랜드

명강의로 소문난
존경받는 교수이자
『도덕감정론』을 출간하며
유럽 전역에서 유명해진 한 철학자

그가
12년에 걸쳐 완성한 책
국가의 부의 본질과 원인에 대한 연구
『국부론』

이 책으로 인해
철학자보다 경제학자로
더욱 알려지게 된
애덤 스미스 Adam Smith, 1723 ~ 1790

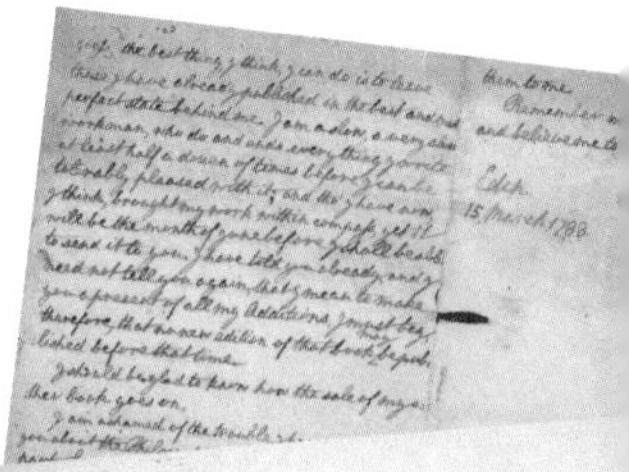

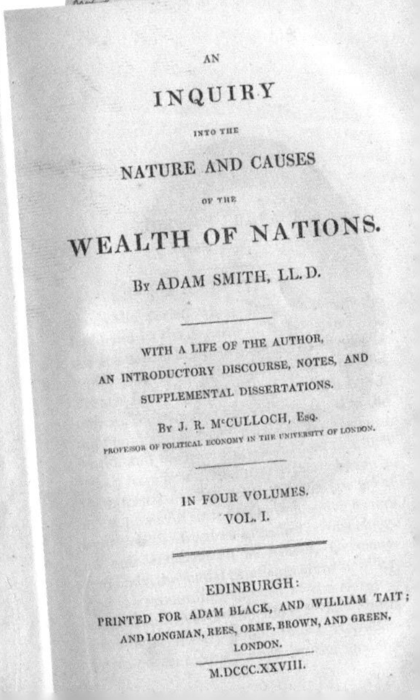
AN
INQUIRY
INTO THE
NATURE AND CAUSES
OF THE
WEALTH OF NATIONS.
BY ADAM SMITH, LL.D.

WITH A LIFE OF THE AUTHOR,
AN INTRODUCTORY DISCOURSE, NOTES, AND
SUPPLEMENTAL DISSERTATIONS.
BY J. R. McCULLOCH, Esq.
PROFESSOR OF POLITICAL ECONOMY IN THE UNIVERSITY OF LONDON.

IN FOUR VOLUMES.
VOL. I.

EDINBURGH:
PRINTED FOR ADAM BLACK, AND WILLIAM TAIT;
AND LONGMAN, REES, ORME, BROWN, AND GREEN,
LONDON.
M.DCCC.XXVIII.

"국가의 부란
국가가 보유한 재산이 아니라
국민 전체가 소비하는 상품들로 구성된다."

그가 생각한
국부가 증가하는 과정

자신의 이익을 위해
이웃이 원하는 상품을 생산

이때 일어나는 경쟁 때문에
생산자는 자기 이익을 최대화하는 대신
소비자가 지불할 수 있는 가격으로 판매

자연스럽게 개인의 이익 추구가
사회 전체의 이익과 조화를 이룬다

그러므로

"국가의 부를 증가시키기 위해
시장을 그냥 놔두라."

당시 정부가 특권층들에게 부여하던
독점권, 특허권, 보조금 등
각종 혜택을 비판하고

국가의 부를 증진하는
분업을 찬양하면서도
노동자를 위한 공교육을 제안하며

정부의 시장 간섭을 반대하면서도
공공기관과 공공사업을 설립·유지하는
정부의 역할을 강조했던
철학자이자 최초의 경제학자

애덤 스미스가
『도덕감정론』에서 던진 질문

"이 세상의 모든
탐욕과 야망의 목표
부와 권력과 명성을 추구하는
목표는 무엇인가?"

이에 대한
『국부론』의 대답

"부와 영광을 쟁취하기 위한
모든 추악한 소동은
보통 사람들의 복지에 기여할 때
궁극적인 정당성을 갖는다."

최초의 위대한 경제학자

얼빠진 철학자

애덤 스미스는 1723년 6월 스코틀랜드 커콜디에서 태어났다. 법률가이자 관리였던 아버지가 그의 출생 6개월 전에 사망하면서 줄곧 어머니 손에서 자랐는데, 모자관계가 워낙 돈독했던 나머지 평생 결혼하지 않고 어머니와 함께 살았다.

명문 학교에서 초급 교육 과정을 마친 애덤 스미스는 열네 살이 되던 1736년 글래스고대학에 입학해 도덕철학(오늘날의 사회철학)을 공부한다. 도덕철학은 인간의 본성과 사회의 원리를 '관찰'과 '탐구'를 통해 밝히는 학문으로, 신을 중심에 둔 중세의 '비실증적' 방법론 대신 '이성적·과학적' 방법론을 추구하는 계몽주의에 기반을 둔다. 명민한 학생이던 그는 3년 후 장학금을 받고 옥스퍼드 벨리올칼리지로 학적을 옮기지만, 교수진의 열의 없는 태도와 데이비드 흄의 『인성론』을 금서 목록에 올릴 만큼 편협한 학문적 분위기에 크게 실망한다. 이에 1748년 학위를 포기하고 에든버러에서 대중을 대상으로 한 공개 강연을 진행하며 독자적인 이력을 쌓다가 1751년 논리학 교수로 글래스고대학에 돌아온다. 이듬해 도덕철학 교수에 임용된 스미스는, 이후 10년 동안 "가장 유익하고 행복하고 명예로운 시기"를 보낸다.

자연인으로서 애덤 스미스는 얼빠진 사람이었다. 마을 사람들은, 멍한 눈으로 알 수 없는 말을 중얼거리며 발을 어디에 둘지 몰라 우왕좌왕하며 걷는 그의 모습을 심심치 않게 볼 수 있었다. 정원을 산책하겠다며 잠옷 바람으로 나간 사람이 수십 킬로미터 밖에서 발견되는가 하면, 대화를 나누다 갑자기 다른 사람을 따라갔다 와서는 무슨 일이 있었느냐는 듯 태연히 말을 이어가기도 했다. 그러나 도덕철학자로서 애덤 스미스는 글래스고대학의 명성을 전 유럽에 드높인 대학자였다. 1759년 스미스는 그동안의 강의를 묶어 책으로 펴내는데, 바로 『도덕감정론*The Theory of Moral Sentiments*』이다.

모스크바에서 수강생을 끌어온 '감정'

'도덕감정'은 인간의 감정과 행위가 옳은지 그른지, 좋은지 나쁜지를 감각적으로 식별하는 독특한 활동이다. 애덤 스미스의 스승이자 훌륭한 도덕철학자였던 프랜시스 허치슨은 "불에 데어 화상을 입은 사람이 불을 멀리하듯이" 인간은 경험을 통해 선악을 구분하여 아름답고 선한 일은 가까이 하고, 더럽고 악한 일은 피한다고 보았다. 이때 인간은 자기애self-love나 자기 이익self-interest에 따라 좋은 것과 나쁜 것을 나누고 서로 승인하며, 이것이 도덕의 원천이 된다. 하지만 개개인이 마냥 제 이익만 따른다면 공공의 이익, 공공선은 영영 보장할 수 없을 것이다. 이에 허치슨은 '이타심' 개념을 불러오는데, 여기에는 타인의 이익을 우선시하는 행위와 함께 다른 이에게 '피해를 주지 않는 선에서' 자기 이익을 좇는 행위도 포함되어 있다. 사회질서는 이처럼 이타심을 품은 개인들의 상호 승인을 통해 유지된다.

인간의 도덕감정에서 사회질서의 원리를 찾으려 했던 계몽주의 시대 스코틀랜드 학파의 전통 위에서, 애덤 스미스는 도덕감정이 타고나는 것이 아니라 경험에서 비롯된다는 허치슨의 관점을 잇는다. 다만 개인의 이타심에서 사회질서로 곧장 나아가는 허치슨에 반해, 둘 사이를 인위적인 '정의'로 매개한다. 스미스는 인간이 자기 이익을 추구하는 것은 자연적인 성향이지만, 사적 이익의 충돌을 조정해서 사회질서를 유지하려면 공동선에 대한 '일반 감각'이 필요하다고 주장했다. 이것이 공공선에 기초한 정의의 규칙이며, 이 같은 정의의 규칙은 인간의 '공감' 능력을 동력으로 삼는다.

스미스에 따르면 공감은 만인의 정서에 흐르는 '동료로서 갖는 느낌fellow-feeling'이다. 공감은 본능적이고, 모든 이익에 대한 판단에 우선하며, '적정성'을 기준으로 한다. (이를테면 자기 가족을 위해 일하는 이기적인 행동도 공공의 이익을 추구하는데 적정하기만 하다면 공감을 얻을 수 있다.) 이 공감 능력은 이중적으로 기능한다. 먼저 행위자와 아무 관련이 없는 관찰자가 다른 사람의 행동이 적정한지 아닌지, 이로운지 해로운지 관찰한다. 그런 다음 이 관찰을 통해 얻은 판단을 자기 행위를 관찰하거나 판단할 때에도 적용하는데 스미스는 이를 '공정한 관찰자impartial spectator'라고 이름 붙였다.

공정한 관찰자는 사회질서를 확립하는 데 핵심적인 역할을 수행한다. 마음속 이상적인 인간, 지그문트 프로이트의 언어로는 초자아 정도에 해당되는 이 공정한 관찰자는 사회 구성원들의 어떤 행위는 승인하고 어떤 행위는 거부하면서 모두가 동의할 수 있는 규칙을 만들어간다. 공감 능력에서 비롯한 도덕감정이 사적인 욕망을 통제하고 사회로 하여금 스스로 균형을 찾게 만드는 것이다. 이 과정을 거듭하면서 인간은 마침내 합의된 규범에 따른 금전적 교환만으로도 사회질서를 유지할 수 있게 된다.

한 사회가 문명화되는 과정을 이성이 아닌 감정으로 풀어낸 『도덕감정론』은 모스크바에서 수강생을 끌어올 만큼 유명세를 떨친다.

국가의 부는 국민의 부다

1764년 애덤 스미스는 글래스고대학을 그만두고 젊은 공작의 수행 개인교사가 되어 여행길에 오른다. 수년간 유럽 전역을 떠돌면서 스미스는 볼테르, 벤저민 프랭클린 등 당대의 지성들과 교분을 쌓는데, 특히 중농주의의 거두 프랑수와 케네에 깊이 매료된다.

당시 유럽은 산업혁명을 코앞에 두고 정치적으로는 국왕에게 권력이 집중된 절대왕정이, 경제적으로는 대외교역에 중점을 두는 중상주의가 절정에 달해 있었다. 처음 얼마간 두 진영은 서로의 존재와 목적에 무심했으나, 사치를 일삼는 절대왕정과 더 많은 이윤을 원하는 상인들의 이해가 맞아떨어지면서 곧 긴밀한 관계를 맺는다. 무역상과 제조업자 들이 왕실의 자금줄이 되어주자 국왕은 이들에게 독과점을 허용하고 특허권을 내주는 등 여러 특혜로 보답했다. 무엇보다 '국가의 부富는 그 나라가 보유한 귀금속 양과 같다'라는 중상주의자들의 입장에 동조하여 각종 보호·규제책을 통해 수출을 독려했다. 국부 유출을 막겠다면서 흉작일 때조차 곡물 수입을 불허하는 극단적인 수입 규제책도 함께 폈다. 그 결과 국가의 귀금속 양은 늘고 상인과 제조업자 들은 막대한 수익을 올렸지만, 대다수 국민의 삶은 날로 피폐해졌다.

금과 은은 쌓이는데 굶어죽는 사람이 속출하는 비참한 아이러니 앞에서, 애덤 스미스는 한 나라의 부는 귀금속 양이 아니라 '생산'에서 비롯된다는 케네의 주장을 받아들인다. 생산이 늘지 않는 한 악순환은 끊을 수 없다는 입장도 공유한다. 그러나 중농주의자로서 부의 원천을 농업과 지력地力에서 찾은 케네와 달리, 스미스는 매뉴팩처(공장제 수공업)가 발달한 스코틀랜드의 상황을 염두에 두어 공업과 노동력을 부의 원천으로 여겼다.

커콜디로 돌아온 스미스는 이러한 관점 아래, 여행하는 동안 "시간을 보내려고" 쓴 글을 다듬어 1776년 『국부론*An Inquiry into the Nature and Causes of the Wealth of Nations*』을 출간한다. 군주 같은 최고통치자에게 시장을 운용하는 법을 '조언'하는 정도에 그쳤던 정치경제학이 거시적인 관점에서 인간과 사회를 조망하는 '과학'으로 정립하는 순간이다.

'국부의 원인과 본질에 대한 연구'라는 원제가 일러주듯이 『국부론』은 국가의 부는 무엇이며, 어떻게 하면 늘어나는가를 탐구한 책이다. 애덤 스미스는 국부에 대한 중상주의자들의 통념을 비판하면서, 국부는 "그 나라 국민이 연간 소비하는 생산물의 총합"이라는 새로운 견해를 내놓는다. 한 나라의 부를 가늠하는 척도는 '화폐의 총량'이 아니라 '자본의 총량'이라는 것이다. 그런데 "한 나라 국민의 연간 노동은 그들이 연간 소비하는 생활필수품과 편의품 전부를 공급하는 원천이며, 이 생활필수품과 편의품은 언제나 이 연간 노동의 직접 생산물로 구성되거나 이 생산물과의 교환으로 다른 나라에서 구입해온 생산물로 구성된다." 따라서 국부를 늘리려면 노동 생산력이 우선 확대되어야 하고, 그러려면 분업이 필요 불가결해진다. "노동자 한 명이 혼자 작업하면 하루에 핀을 20개밖에 만들지 못하지만, 노동자 열 명이 분업하면 하루 4만8000개를 만들 수 있기" 때문이다.

생산력이 늘면 소득이 늘고, 생활에 여유가 생긴 사람들은 시장에서 물건을 사기 시작한다. 시장이 커지면 자본이 생기고, 축적된 자본은 생산에 재투자될 것이므로 생산력은 더욱더 확대된다. 안정된 생활을 보장받은 노동자는 생산 현장에서 열심히 일하고, 국부는 날로 증가한다. 다만 분업에 따른 단순노동으로 노동자의 심신이 피폐해지는 것이 문제인데, 이를 위해 국가는 공교육 제도 및 공공시설 등 사회 시스템과 인프라를 구축하는 데 힘써야 한다.

자기 이익, 경쟁, 자유방임의 역학

이 과정에서 개인은 각자 자기 이익에 따라 행동한다. "우리가 저녁식사를 기대할 수 있는 건 푸줏간 주인, 술도가 주인, 빵집 주인의 자비심 덕분이 아니라, 그들이 자기 이익을 챙기려는 생각 덕분이다. 우리는 그들의 박애심이 아니라 자기애에 호소하며, 우리의 필요가 아니라 그들의 이익만을 그들에게 이야기할 뿐이다." 그러나 모두가 자기 이익만 챙긴다면 사회는 구심력을 잃고 엉망진창이 될 것이다. '공정한' 경쟁이 시장의 수요와 공급, 가격을 자연스럽게 조정하지 않는다면 말이다.

계몽주의 시대 도덕철학자로서 애덤 스미스는 인간의 이성과 합리성, 자연법칙을 믿었다. 『도덕감정론』에서 논한바, 공감 능력에 바탕을 둔 공정한 관찰자가 인간의 자기애와 사회질서를 매개한 것처럼, 합리성에 바탕을 둔 공정한 경쟁이 인간의 자기 이익과 사회 질서를 매개할 수 있다고 생각했다. 이에 스미스는 인간의 사적인 욕망을 통제하고 가격 균형을 유도하는 이 힘을 '보이지 않는 손invisible hand'이라고 명명하면서, 『도덕감정론』의 공감 원칙을 시장으로까지 넓혀 적용한다.

소비자들이 현재 생산량보다 많은 바지(초과수요)와 생산량보다 적은 신발(초과공급)을 원한다고 해보자. 바지 값은 오르고 신발 값은 떨어질 것이다. 바지 공장 사장은 이익을 얻고 신발 공장 사장은 손해를 볼 것이다. 그러면 신발 공장 사장은 생사량을 줄일 것이고, 일자리를 잃은 노동자는 바지 공장에 취업할 것이다. 그 결과 바지 생산은 늘고 신발 생산은 준다. 수요와 공급이 조화를 이루면서 두 상품의 가격도 자연스럽게 안정을 찾는다. 더불어 소득도 균형을 이룬다.

호황을 누리는 바지 사업은 너도나도 뛰어드는 통에 경쟁이 격화되어 결과적으로 잉여이익이 줄 것이다. 임금도 마찬가지다. 바지 공장 임금이 지나치게 오르면 노동자들이 다 그쪽으로 몰려서, 다른 직종보다 많은 임금을 줄 수 없게 될 것이다. 반대로 임금이 지나치게 낮으면 노동자들이 다 떠나버려서 수요와 공급의 균형을 찾게 될 것이다. 이 모든 일이 그야말로 자연스럽게 이루어진다. 어디에도 국가가 나설 자리는 없다. 뭔가 하겠다며 끼어드는 것이 오히려 공정성과 균형을 깨는 일이 될 텐데, 스미스가 보기에 당시의 절대왕정이 하는 일이 그와 같았다.

국가의 부는 국민의 부다. 그러니 모든 사람이 공정한 법 질서 안에서 자유롭게 경쟁하며 자기 이익을 추구하도록 내버려두라. 이것이 인구 1200만 명 가운데 200만 명이 빈민이던 18세기 영국의 현실과, 몇몇 이익집단의 권익을 보호하느라 수백만 명의 목숨을 내팽개친 절대왕정에 내린 애덤 스미스의 처방전이었다.

'보이지 않는 손'의 두어 가지 그림자

"성서 이래 가장 위대한 책"이라는 평가를 받는 『국부론』이 발간된 이래, 애덤 스미스는 자유주의 시장경제학자들의 국부國父로 추앙되었다. 주류경제학을 장악한 자유주의 시장경제학자들은 애덤 스미스의 이론 가운데에서 도덕적 공감 능력, 공정성, 국가의 책무 대신 경쟁, 이기심, 시장에 주목했다. 이들은 『국부론』을 오독해 경쟁 시장을 경제의 조절자로 파악하고, 경제를 국가권력이나 도덕적 책무와 전혀 상관없는 독자 영역으로 떼어놓았다. 자유주의 시장경제라고 하면 으레 떠오르는 '반反복지 친親기업' 슬로건과 냉혹한 시장주의자 애덤 스미스의 이미지는 이 과정에서 만들어졌다. 1980년대 '야경국가'를 표방하며 기업에 대한 각종 규제 철폐와 부자 감세를 추진한 미국의 레이거노믹스Reaganomics가 애덤 스미스를 상징으로 삼은 것이 단적인 예다.

그러나 일본 경제학자 도메 다쿠오는 『도덕감정론』과 『국부론』을 면밀히 분석하여 애덤 스미스의 오명을 씻어낸다. 다쿠오는 먼저 스미스가 『도덕감정론』에서는 이타심을, 『국부론』에서는 이기심을 말한다면서 두 책을 단절된 것으로 보는 기존의 해석에 의문을 표한다. 이는 애덤 스미스가 "시장경제의 기본 원리를 해명하면서 결코 '인간'의 문제를 놓치지 않았"다는 사실을 제대로 파악하지 못했기 때문에 생긴 오류라는 것이다. 이에 다쿠오는 인간에 대한 이해와 사유로 『국부론』과 『도덕감정론』을 연결하며, "도덕 원리가 자연스럽게 경제 원리로 연결되고, 도덕의 세계가 경제의 세계와 이음매 없이 완전히 하나가 되는 세계"를 꿈꾼 계몽주의 도덕철학자로 애덤 스미스를 복권한다.

참고문헌

『세속의 철학자들』, 로버트 하일브로너 저, 장상환 역, 이마고, 2008
『지금 애덤 스미스를 다시 읽는다』, 도메 다쿠오 저, 우경봉 역, 동아시아, 2010

02

사이먼의 경고

이것은 20세기 최고의 발명품 중 하나다

1930년대
멈춰버린 미국의 경제

세 명 중 한 명은 실업자
파산과 생활고로 고통에 빠진 사람들

그러나
전체 경제 상황을
파악할 수 있는 통계가 없어
경제가 얼마나 나빠졌는지조차
가늠할 수 없었던 미국

이때 한 경제학자가 발명한
'도구'

일정 기간 동안 한 나라 안에서 생산된
재화와 서비스의 시장가치를 모두 더한
국내총생산 GDP, Gross Domestic Product

총생산이 많아진다는 것

생산에 참여하는 사람들이 많아진다는 것

총소득이 많아진다는 것

'생산량'만으로
경제의 흐름을 볼 수 있게 해준
획기적인 도구

"GDP가 미국을 살렸다."

– 미국 상무부 장관(1999)

모든 것이 부족했기에
상품을 생산하는 것으로
생활수준이 개선되던 시대

'생산' = '복지'

GDP 상승이
더 나은 생활을 보장해주던 시대

이후
GDP는
많은 나라들의
절대적인 목표가 돼버린다

그러나
처음부터 GDP의 한계를 지적했던
경제학자 사이먼 쿠즈네츠

"GDP만으로
한 국가의 복지를 추정하기는 어렵다."

GDP가 복지와 같지 않은 이유

재화가 생산되면
GDP는 오르지만 환경오염도 발생한다

자동화시스템으로 생산량이 늘어나면
GDP는 올라가지만 일자리는 줄어든다

재해가 발생하면
그 복구비용은 GDP를 상승시킨다

GDP 발명 30년 후인 1964년

"보다 더 높은 성장을 목표로 한다면
무엇을, 어떻게 성장시키려는 것인지를
명확하게 밝혀야 한다."

– 사이먼 쿠즈네츠

2009년

'스티글리츠위원회'의 행복GDP

유엔개발계획의

인간개발지수 HDI Human development Index

참진보지수 GPI Genuine Progress Indicator

경제웰빙지수 IEWB Index of Economic Well-Being

지속가능한 경제복지지수 ISEW Index of Sustainable Economic Welfare

생산량만으로 측정하는 성장이 아닌
또 다른 성장을 고민하는 세계

"우리가 무엇을 측정하는가가
우리의 행동에 영향을 미친다."

– 경제학자 조지프 스티글리츠, 아마르티아 센, 장 폴 피투시

THE STIGLITZ REPORT

REFORMING THE INTERNATIONAL MONETARY AND FINANCIAL SYSTEMS IN THE WAKE OF THE GLOBAL CRISIS

Joseph E. Stiglitz
and Members of a UN Commission
of Financial Experts

WITH AN INTRODUCTION BY MIGUEL D'ESCOTO BROCKMANN,
UN GENERAL ASSEMBLY PRESIDENT

사이먼의 경고

"국가수입 크기로 한 나라의 복지를 추정하기는 매우 어렵다"

GDP는 일정 기간 동안 내·외국인을 막론하고 한 나라 안에서 새롭게 생산한 재화와 용역의 부가가치 또는 최종재의 값을 화폐 단위로 합산한 것이다. GNP(국민총생산, Gross National Product)가 '사람'을 기준으로 한 통계라면, 국내총생산은 '영토'를 기준으로 경제활동을 파악한다.

GDP의 개념과 산출방법은 1930년대 구소련 출신 미국 경제학자 사이먼 쿠즈네츠가 개발했다. 1901년 4월 30일 우크라이나 벨루시아 지방 유대인 가정에서 태어난 쿠즈네츠는 일찍이 수학적 재능을 인정받아 스무 살 젊은 나이에 우크라이나 통계국장에 올랐다. 하지만 1922년 미국으로 귀화, 컬럼비아대학을 졸업한 후 전미경제조사국 연구원으로 일했는데, 특히 통계를 통해 역사를 통찰하고 현상을 수량화하는 데 탁월한 감각을 보였다.

쿠즈네츠가 통계학자로서 경험을 쌓는 사이, 미국에서는 대공황이 발생했다. 미국 정부는 어떻게든 악몽을 수습하려 애썼으나 막상 경제적 손실이 어느 정도인지, 어디에 얼마나 돈을 써야 하는지 알 길이 없었다. 이에 1932년 미 상무부는 쿠즈네츠에게 국민소득을 추계할 방법을 의뢰하게 된다.

일련의 연구 끝에 쿠즈네츠는 1934년 미 의회에서 한 나라의 경제활동 규모를 가늠하는 '수단'으로 '국민소득계정'을 소개한다. 이때 그는 "국가수입 크기로 한 나라의 복지를 추정하기는 매우 어렵다"는 점을 여러 번 강조한다. 국민소득계정은 시장에서의 화폐거래에만 국한돼 있어서, 삶의 질이나 실제 가계 상황을 정확히 반영하지 못한다는 것이다.

한 농부가 풍년을 맞이했다고 하자. 농부 가족의 살림살이는 이전보다 여유롭고 윤택해지겠지만, 돈을 주고받는 거래행위가 없었기 때문에 GDP에는 아무 영향도 끼치지 않는다. 반면 어떤 주부가 자녀의 교육비를 대기 위해 편의점에서 일하며 월 100만 원을 벌면서 베이비시터를 60만 원에 고용한다면, GDP는 160만 원이 늘어난다. 일하랴 살림하랴 바삐 지내다가 몸에 이상이 생겨 병원에 가게 되면, 그만큼 병원의 현금 수입도 늘었으니 GDP는 다시 증가한다. 생활의 여유도 잃고 건강도 잃었는데, 지표상의 경제는 성장한 것이다. 이처럼 GDP는 삶의 긍정적인 면은 물론 부정적인 면까지 단순 수치화하여 포괄한다는 한계를 갖는다.

신화의 탄생

대공황기 미국 정부는 쿠즈네츠를 좇아 경제상황을 분석하고 관련 정책을 짰다. 통계를 현실경제에 반영한 만큼 오차는 적고 가시적 효과는 컸다. 이에 미국 정부는 GDP를 '20세기 최고의 발명품'으로 추켜세우며 널리 장려했고, 정치·경제 헤게모니를 미국이 독식한 지난 세기, 양적 팽창을 미덕으로 삼던 이데올로기에 따라 GDP는 경제발전을 측정하는 전 세계적 표준으로 정착했다. 이 과정에서 GDP는 수단이 아니라 목적으로 그 위치가 바뀌었다. 이런 상황을 보다 못한 쿠즈네츠가 1964년 또다시 보고서를 작성해 "성장의 양과 질 사이에는 놓치지 말아야 할 차이가 있"으며 "경제성장의 목표를 설정할 때 무엇을 성장시키고, 왜 성장시켜야 하는지를 구체적으로 밝혀야 한다"고 호소했으나 대세를 바꾸지는 못했다. 도리어 GDP를 키우며 발생한 환경파괴나 불평등 같은 부작용이 쿠즈네츠의 '역逆U자 가설'로 합리화되었다.

1955년 쿠즈네츠는 "숫자로 노래하는 사람"이라는 세간의 평에 걸맞게 미국, 독일 등 서구 선진국의 국민소득 분배경향을 분석해 「경제성장과 소득불평등」이라는 논문을 펴냈다. 여기서 그는 흥미로운 규칙성을 논하는데, 일반적으로 산업화 단계에는 소득불평등도가 커지다가, 경제가 성장하여 완숙한 지경에 이르면 완화된다는 것이다. 이때 가로축을 1인당 GDP, 세로축을 소득불평등 척도로 잡으면, 소득불평등도와 경제발전의 관계는 역U자형 모양이 된다. (환경문제도 같은 규칙성이 발견된다. 즉 성장 단계에는 환경훼손이 늘다가 완숙 단계에 이르면 줄어든다.)

이 과정에서 평범한 시민들의 정치적·사회적 결속이 중요한 변수로 작용한다. 경제성장과 함께 소득불평등이 확대되면 중·저소득층은 자신의 상대적 소득에 불만을 품기 시작한다. 이에 정치적·사회적으로 힘을 모아 실력 행사에 나서는데, 노동조합 파업이 대표적인 사례다. 시민들의 불만이 쌓이고 노조시위로 불안이 가중되면 정치권은 부담을 느끼고 누진세, 소득이전 등 소득불평등을 해소할 각종 입법조치를 취한다. 결국 불평등은 시민의 저항과 정치 및 정책 변화가 동반되어야만 해결할 수 있다.

그러나 각국 정부는 GDP와 마찬가지로 '쿠즈네츠 곡선'을 편의적으로 해석하고 수용했다. 주류경제학은 경제가 발전하는 동안 불평등은 불가피한 현상일뿐더러 오히려 경쟁을 부추겨 발전의 동력이 된다거나 일정 단계에 이르면 저절로 해결되기 마련이니 정부가 분배를 걱정하거나 일부러 개입할 필요는 없다고 주장했다. 성장만능주의, GDP 신화는 이렇게 만들어졌다.

또다른 사회는 가능하다

그럼에도 GDP에 대한 비판과 대안은 꾸준히 제시되었다. 1974년 부탄 국왕 지그메 싱예 왕추크는 건강, 시간활용 방법, 생활수준, 공동체의식, 심리적 행복, 문화, 교육, 환경, 올바른 정치 등 아홉 개 분야의 지표를 토대로 산출된 GNH(국민총행복, Gross National Happiness)에 따라 국가를 통치하겠다고 선언했다. 1990년 유엔개발계획UNDP은 평균수명과 교육수준, GDP, 문맹률, 기대수명, 의료수준 등 총 206개 지표를 토대로 각국의 생활수준을 측정하는 HDI(인간개발지수, Human Development Index)를 내놓았다. 이러한 지표들이 비록 의미는 있을지언정 지엽적인 호응을 얻는 데 그쳤다면, 2009년 스티글리츠위원회가 발표한 대안 GDP 가이드라인은 전 지구적 동의를 이끌어내는 데 성공했다.

경제학자 조지프 스티글리츠의 성을 딴 스티글리츠위원회(이하

위원회)는 2008년 1월 프랑스 대통령 니콜라 사르코지의 제안으로 만들어졌다. 2007년 미국발 금융위기는 "전 세계적 차원에서 불평등, 급속한 자원고갈, 환경훼손 등의 문제를 심화시키고, 나아가 공동체의 가치와 민주주의를 심각하게 침식한" 신자유주의의 한계를 드러냈다. '역U자 가설'도 마냥 참이 아닌 것으로 판명되었다. 이를테면 1999~2008년 미국의 1인당 GDP는 계속 증가했지만, 물가를 감안한 실질소득은 계속해서 감소했다. 즉 불평등이 점차 심화되었다. 사르코지 대통령은 이번 사태가 "신자유주의 체제 동안 여기저기 지역적으로 불거진 위기와 달리 원상복귀가 불가능하고, 그렇기 때문에 어떤 형태든 대안적 체제를 모색하지 않으면 언제든 위기가 다시 심화될 수 있다"고 판단, 스티글리츠에게 GDP를 대체할 지표의 큰 그림을 그려달라고 부탁했다. 통계와 회계방식은 우리가 사물에 부여하는 가치를 반영하는 잣대이고, 세상을 바라보는 시각이 우리의 행동을 결정한다고 할 때, 지금까지의 사고와 행동방식을 바꾸려면 먼저 경제성과를 측정하는 방식부터 바꿔야 하기 때문이다.

스티글리츠는 요청을 받아들여 아마르티아 센, 장 폴 피투시 외 국제적 저명인사 22명과 함께 위원회를 조직했다. 나아가 GDP가 갖는 한계를 정확히 파악하고 사회발전의 현실을 더욱 잘 나타낼 지표를 만들고자 세 개 분과를 구성하여 각각 '고전적인 GDP의 문제' '삶의 질을 측정하는 방식' '지속가능한 개발과 환경'을 연구했다. (선진국과 저개발국, 고소득층과 저소득층 간의) '분배'는 세 그룹을 관통하는 공통 주제였다.

2008년 4월 첫 만남이 성사된 후 위원회는 이후 세 차례 모임을 더 갖고 2009년 6월 가이드라인을 발표했다. 이에 따르면 차세대 경제지표는 생산보다는 소비에, 소득보다는 분배에, 시장 같은 가시적 영역보다는 가계 같은 비가시적인 영역에 초점을 맞춰야 한다. 이익은 기업, 권력자, 선진국이 갖고 위험과 부담은 국민, 하위계급, 저개발국이 떠맡는 불합리한 구조를 타파하고, 성장을 말할 때는 물질적 조건에 더해 환경, 치안, 교육, 수명, 정치적 자유 등도 염두에 두어야 한다. 또한 지역적 특수성을 감안한 전 지구적 차원의 환경 네트워크를 가동해야 한다. 스티글리츠 위원회의 문제의식과 비전은 2009년 9월 부산에서 열린 '제3차 OECD 세계포럼'의 중심 안건으로 논의되는 등 세계 주요 기구들의 다급한 의제로 채택되었다.

국제통화기금IMF에 따르면 2014년 한국 GDP는 세계 13위로, 이전 해보다 두 단계 상승했다. 같은 기간 GDP, 관용의식, 기대수명, 사회보장에 대한 인식과 선택의 자유, 정부와 기업의 부패지수 등 다섯 개 항목을 바탕으로 산정한 유엔행복지수는 47위를 기록하여 이전 해보다 여섯 단계 하락했다.

참고문헌

『GDP는 틀렸다』, 조지프 스티글리츠 · 아마르티아 센 · 장 폴 피투시 저, 박형준 역, 동녘, 2011

03

게임의 법칙

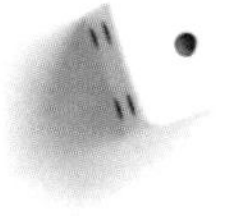

PLAYER X, PLAYER Y님이
게임에 입장했습니다

당신은 사냥꾼입니다

목표물은
사슴 또는 토끼

토끼는 혼자서도 잡을 수 있고
50000원

사슴은 다른 사람과 협력해야
잡을 수 있습니다
200000원

사슴 vs. 토끼

무엇을 사냥하시겠습니까?

보상금이 큰 사슴
혼자서도 잡을 수 있는 토끼

선택의 기준

'다른 사냥꾼도 보상금이 큰 사슴을 노리겠지?'

'그렇다면 나도 사슴을 노려야겠군!'

'하지만… 저 사람이 토끼를 노리고 있다면?'

'내가 먼저 토끼를 잡아야 한다!'

상대방의 선택에 따라
달라지는 나의 이익

그래서

끊임없이 예측하는
상대방의 전략

그리고

계속되는
사슴과 토끼의 문제

'지금 받는 보수는 문제가 있어.
다들 파업에 참여할 거야.'

'다 같이 참여하지 않는다면
오히려 불이익을 받을지도…'

참여할 것인가
vs. 불참할 것인가

'마케팅 비용이 너무 많이 들어,
모두에게 손해야.'

'경쟁사 수준에 맞춰야지,
우리만 뒤처질 순 없어.'

유지할 것인가
vs. 올릴 것인가

상대방의 전략에 따라
달라지는 나의 전략

상대방의 전략을 전제로
자신의 이익을 최대화하는 전략을 선택하여 형성된
내쉬 균형

균형이 유지되는 조건

"상대방이 전략을 바꾸지 않는 한
나의 전략을 고수한다."

©연합뉴스

게임의 법칙

삶은 B(irth)와 D(eath) 사이의 S(trategy)

'게임이론game theory'은 한 사람의 행위가 다른 사람의 행위에 영향을 미치는 상호의존적 상황에서 의사결정이 어떻게 이루어지는가를 수학적으로 분석해낸 이론이다. 선거나 경매, 예금인출 사태 같은 상황을 여러 사람이 상호작용하는 게임으로 보고 이를 수학적으로 분석할 수 있다는 발상에 기초를 두었다. 대전제는 게임에 참여하는 이들이 합리적으로 선택할 뿐만 아니라, 상대방의 반응을 충분히 생각하고 결정을 내린다는 것이다.

게임이론의 구성요소는 경기자player, 전략strategy, 보수payoff다. 경기자는 사람, 기업 혹은 국가일 수 있으며, 두 명 이상의 참여를 전제로 한다. 전략은 경기자가 취할 수 있는 모든 가능한 행동이다. 보수는 각각의 경기자들에게 돌아갈 결과로, 금전적 보상일 수도 있고 수치로 나타나는 효용일 수도 있다.

게임이론은 오스트리아-헝가리제국 출신의 미국 수학자 존 폰 노이만에서 시작되었다. 1928년 폰 노이만은 체스처럼 경기자가 완전한 정보를 갖는 제로섬zero-sum 게임에서 두 사람이 두 가지 전략이 있을 때 각자의 손실을 최소화하는 '미니맥스minimax'를 이론화하는 데 성공했다. 이후 동료 경제학자 오스카 모르겐슈테른과 함께 불완전한 정보를 갖는 게임에 두 명 이상의 경기자가 참여하는 경우로 연구를 확장했다. 이 연구 결과는 1944년 『게임이론과 경제적 행동』으로 출간되었으며 〈뉴욕타임스〉 커버스토리로 소개될 만큼 대단한 관심과 인기를 모았다. 폰 노이만은 제로섬 게임의 본질을 한 사람의 이득이 다른 사람의 손실로 이어지는 적대적 게임으로 보았다. 동전 던지기, 홀짝게임 같은 단순한 놀이에서부터 야구, 국가 간 무역과 전쟁 등이 모두 여기에 속한다.

일상의 무수한 제로섬 게임에서의 득실을 사전에 '계산'해 최상의 전략을 찾는 방법을 수학적으로 증명해내면서 게임이론은 응용수학의 한 분야로 발전하는 한편, 여러 학문 특히 군사학과 경제학에 어마어마한 영향을 끼친다. 2차세계대전 종전 후 미 국방성은 전투와 안보에 대한 과학적 연구를 수행하고자 군사전략 싱크탱크 '랜드RAND Corporation'를 세우고, 폰 노이만과 모르겐슈테른, 존 내쉬, 메릴 플러드, 멜빈 드레셔 등 내로라하는 학자들을 연구원으로 고용했다.

경제학자 알프레드 마샬을 중심으로 한 신고전학파는 공공자원을 개인의 자율적 통제에 맡길 경우 고갈될 수 있다는 '공유지의 비극'처럼, 사람들이 시장을 통하지 않고 직접적으로 상호작용할 때의 행동을 설명하는 데 게임이론을 활용했다. 이밖에도 게임이론은 독과점 시장의 문제를 분석하고, 시장의 동향을 예측하고, 통화 위기를 가늠하는 분석 틀로 활용됨으로써 미시경제학의 필수불가결한 도구로 정착했다.

남자들이 금발 미녀를 좋아하면 모두 불행해진다

게임이론에서 게임적 상황은 크게 협조적 게임과 비협조적 게임으로 나뉜다. 협조적 게임은 노사단체 협약처럼 경기자의 일부 혹은 전부가 스스로 구속력 있는 계약에 합의하여 연대가 허용되는 경우를 말한다. 반면 비협조적 게임은 원칙적으로 구속력 있는 계약이나 연대를 허용하지 않는 경우다. 게임의 규칙이 허용하는 내에서 구속력 있는 계약을 체결할 수는 있지만 위반하더라도 처벌되지 않으며, 경기자들의 이득의 합은 각각의 전략에 따라 달라진다. 국가 간 군비경쟁을 하나의 예로 들 수 있을 텐데 이런 상황에서 게임에 참여한 모든 경기자들이 최상의 보수를 얻는 방법을 찾기란 쉽지 않다.

미국 수학자 존 내쉬는 '내쉬 균형Nash equilibrium'으로 이 난제의 실마리를 제공했다. 각 경기자들이 경쟁자의 전략에 대응해 최선의 선택을 하면 서로가 자신의 선택을 바꾸지 않는 일종의 균형 상태에 도달하게 되는데, 이 균형점이 바로 내쉬 균형이다. 존 내쉬의 삶을 극화한 영화 〈뷰티풀 마인드〉에는 내쉬 균형에 대해 다음과 같이 설명하는 장면이 나온다.

내쉬가 대학원 친구들과 놀고 있는 술집에 금발 미녀가 들어온다. 모든 남성의 시선이 그녀에게 쏠리고, 내쉬와 친구들은 과연 누가 미녀를 차지하게 될까 토론한다. 이때 내쉬는 술집 안의 모든 남성이 자기 이익을 챙기는 데 급급해 금발 미녀에게만 매달리면, 금발 미녀와 그녀가 선택한 한 명을 뺀 나머지 모두가 불행해진다는 사실을 깨닫는다. 반면 남성들이 금발 미녀를 포기하고 술집 안에 더 많은 수를 차지하고 있는 갈색 머리 여성에게 다가가면, 더 많은 사람이 파트너를 얻어 행복해질 수 있다. '금발 미녀 쟁탈전'에서 내쉬 균형은 남자들이 모두 금발 미녀를 포기하는 것이다.

1950년 내쉬는 프린스턴대학 대학원 박사논문에서 최고를 위한 경쟁보다는 최선을 향한 협력이 모두에게 이득이 된다는 내쉬 균형을 수학적으로 증명해보였다. 이로써 주류경제학의 신조, 즉 "'보이지 않는 손'에 의해 개인의 자기 이익 추구가 사회적 부의 증가로 귀결된다"는 애덤 스미스의 공리는 "자신과 상대방의 이익을 모두 고려할 때 전체 이익이 증가한다"로 바뀌었다. 존 내쉬는 게임이론 연구로 1994년 노벨경제학상을 공동 수상했다.

쓸데없는 위협은 화를 자초할 뿐이니

내쉬 균형을 설명하는 고전적인 게임이론은 '죄수의 딜레마'다. 랜드의 고문이자 프린스턴대학 수학교수였던 앨버트 터커는 1950년 스탠퍼드대학 심리학자들로부터 게임이론을 강연해달라는 요청을 받았다. 이에 터커는 심리학자들에게 게임이론을 보다 쉽게 설명해주고자 메릴 플러드와 멜빈 드레셔의 공동 실험게임에 바탕하여 '죄수의 딜레마' 사례를 만들었다.

각기 다른 취조실에 강도 용의자 두 명이 잡혀 있다. 검사는 범죄 정황은 포착했으나 확실한 물증은 없다. 그래서 용의자들에게 먼저 자백하고 상대방이 자백하지 않으면(부인하면) 즉시 석방하고, 둘 다 자백하면 징역 5년, 상대방이 먼저 자백하면 징역 10년, 둘 다 부인하면 징역 1년을 받을 것이라고 넌지시 정보를 흘린다.

두 사람의 선택에 따라 살게 될 형량을 보수행렬payoff matrix로 정리하면, 두 사람의 최선의 선택은 '배반(자백)'으로 수렴한다. 만약 의리를 지키겠다고 협력(부인)한다면 두 사람이 함께 1년형을 살거나, 자칫 혼자 10년형에 처할 우려가 있다. 반면 배반(자백)을 택하면 무죄방면 되거나 5년형만 살면 된다. 용의자1, 2 모두 상대가 무슨 선택을 하건 자신은 무조건 배반(자백)하는 게 유리한 것이다. 따라서 합리적인 용의자들은 내쉬 균형에 따라 각각 '우월전략dominant strategy'인 배반을 선택한 후 나란히 수감된다. 경기자가 내린 최선의 선택이 최악의 결과로 수렴하는 것, 이것이 내쉬 균형에서의 '열등 균형'이자 게임이론의 내재적 딜레마다.

		용의자 2	
		협력(혐의 부인)	배반(혐의 자백)
용의자 1	협력(혐의 부인)	(1, 1)	(10, 0)
	배반(혐의 자백)	(0, 10)	(5, 5)

〈'죄수의 딜레마' 보수행렬표〉

죄수의 딜레마를 극복하고자 했던 수많은 대안 가운데 하나가 1965년 독일 경제학자 라인하르트 젤텐이 제시한 '부분게임완전균형sub game perfect equilibrium'이다. 이는 '신빙성 없는 위협에 근거한 균형'을 없앤 것으로 여기서 '신빙성 없는 위협'이란 경기자가 게임에 들어가기 전에 했던 위협을 실행에 옮기면 더 불리해지는 경우를 말한다. 예컨대 애플이 독점한 휴대전화 시장에 삼성이 새로 진입하려는 상황에서, 애플이 삼성에게 '들어오기만 하면 당장 보복하겠다'고 으름장을 놓았다고 하자. 각각의 득실을 정리한 보수행렬이 현재가 (2, 0), 진입 이후가 (1, 1), 보복할 때가 (−1, −1)이라면, 삼성이 시장에 진입하더라도 애플은 보복을 안 하는 게 낫다. 라인하르트 젤텐은 이 이론으로 1994년 내쉬와 함께 노벨경제학상을 받았다.

탐욕과 공포의 차이

게임이론의 또다른 사례인 '사슴 사냥 게임'은 언뜻 '죄수의 딜레마'와 비슷하지만 사뭇 다른 결과로 나아간다. 장 자크 루소의 『인간불평등 기원론』에 등장하는 우화에 바탕을 둔 사슴 사냥 게임의 설정은 이렇다.

사슴 사냥을 하려고 사냥꾼 두 명이 나섰다. 그들은 각각 흩어

져 길목을 지키고 있다. 그런데 갑자기 옆으로 토끼 한 마리가 지나간다. 토끼를 잡으면 5만 원의 이득을 얻는다. 토끼를 잡는 데는 사냥꾼 한 명으로 충분하지만 사슴을 잡으려면 두 명이 있어야 한다. 사슴 사냥은 합심해야만 성공할 수 있고 사냥에 성공하면 각각 10만 원의 이득을 얻는다. 사냥꾼들은 토끼를 쫓아야 할까? 아니면 사슴을 잡으려고 기다려야 할까?

'사슴 사냥 게임'에서 내쉬 균형은 둘 다 토끼를 쫓거나(배반) 사슴을 쫓는(협력) 두 가지로 수렴된다.

		사냥꾼 2	
		사슴(협력)	토끼(배반)
사냥꾼 1	사슴(협력)	(10, 10)	(0, 5)
	토끼(배반)	(5, 0)	(5, 5)

〈'사슴 사냥 게임' 보수행렬표〉

즉 상대가 협력하면 나도 협력하고 상대가 배반하면 나도 배반한다. 상대가 협력하든 배반하든 무조건 배반이 이득인 '죄수의 딜레마'와 달리 '사슴 사냥 게임'에서는 상대방의 태도에 따라 내 태도도 변하는 것이다.

정치·사회 민간연구단체 '새로운 사회를 여는 연구원' 원장 정태인은 "상대가 어떻게 나오든 무조건 배반하는 것과 상대가 배반했을 때 나도 배반하는 것은 다르다. 전자가 탐욕이라면 후자는 공포"라고 지적한다. 이 차이는 매우 크고 중요한데, 일반적으로 사람들이 남을 배신할 때는 남이 나를 배신할까봐 두려워서인 경우가 많다. 하지만 그들이 참여한 게임이 '죄수의 딜레마'가 아니라 '사슴 사냥 게임'이라면 적어도 탐욕에 의한 배반은 일어나지 않는다. 다시 말해 '죄수의 딜레마' 사회를 '사슴 사냥 게임'

사회로 변화시킬 수만 있다면, 나 혼자 잘 살겠다는 선택과 그로 인해 사회 전체가 손해를 보는 일은 사라지게 된다.

'죄수의 딜레마'가 아니라 '사슴 사냥 게임'으로 게임 패러다임을 전환하는 핵심은 상대방이 협력할 때 나도 협력하는 것이 상대방을 배반하는 것보다 더 큰 이익을 가져다준다는 사실이다. 현실적으로 구성원의 자발성에만 의지하는 것이 힘들 경우에는 적절한 제도와 규범을 도입해 상대방의 배반을 차단하고 협력을 강제하면 된다. '탐욕의 경제'를 '협동의 경제'로 바꾸는 구체적인 실천 방안이다.

참고문헌

「경제적 합리성과 게임이론」, 김완진, 『철학사상』 Vol. 20, 2005
『게임 이론』, 로저 A. 맥클라인 저, 이규억 역, 시그마프레스, 2011
"네 박자로 가는 사회적 경제(5)", 정태인, 새사연, 2012

04

깨지지 않는 가격

지구에서 가장 '흔한' 탄소로
이루어진
지구에서 가장 '단단한' 돌멩이

일당 100원

광부가 캐낸 0.2그램의 돌멩이가
광산을 떠나 먼 곳으로 이동하면
거래 가격은 15만 원이 된다

1분당 4000번 회전하는 기계가 만든
58개의 매끈한 면

58개의 면에 더해지는
반짝임

그리고
'다이아몬드는 영원하다.'

100원을 들여 캐낸 돌멩이
0.2그램(1캐럿)의 최종 판매 가격
1500만 원

1867년 아프리카
대규모 다이아몬드 광산 발견

빠른 속도로
늘어난 공급

그럼에도
여전히 귀한 다이아몬드
여전히 높은 가격

0.2그램
1500만 원의 비밀

팔지 않고 창고에 쌓아둔 재고들
다른 회사의 다이아몬드도
모조리 구입

마음대로 공급을 조절해
마음대로 가격을 정한
독점기업 D사

공급 독점
: 어떤 산업에서 오직 하나의 공급자가
  상품이나 서비스를 제공하는 것

그러나

새로운 광산을 개척한
경쟁사들이 등장하고

D사 다이아몬드 시장점유율이
90퍼센트에서 36퍼센트로 하락하자
더이상 가격을 지배할 수 없게 된다

깨진 독점

그러나

깨지지 않은 다이아몬드

깨지지 않은 다이아몬드 가격

깨지지 않는 가격

시장의 제왕

어떤 상품을 공급하는 기업이 단 하나인 시장을 독점monopoly시장이라고 하고, 해당 기업은 독점기업이라고 한다. 보통 상품이 수요와 공급의 시장 원칙에 따라 가격이 결정되는 것과 달리, 독점기업은 대체재가 없는 상품을 경쟁자 없이 공급하기 때문에 가격을 스스로 정할 수 있다. 즉 물건을 비싸게 팔고 싶으면 공급량을 줄이고, 많이 팔고 싶으면 공급량을 늘리면 된다.

독점은 시장의 진입장벽 때문에 발생한다. 이를테면 마이크로소프트사는 윈도우 운영체제를 선제적으로 개발·공급·관리함으로써 장벽을 쌓았다. 농업 같은 전통적인 산업에서는 다른 자원의 투입량이 동일할 때 자본과 노동 등 한 가지 생산요소의 투입이 늘어나면 한계생산량이 점차 줄어드는 '수확체감 현상'이 나타나는 반면, 정보나 소프트웨어 같은 지식기반 산업은 생산요소의 투입이 증가할 때마다 한계생산량이 점차 늘어나는 '수확체증 현상'을 보이기 때문이다.

전기나 가스처럼 생산과 공급에 막대한 비용이 요구되는 경우에도 독점이 생긴다. 전기를 각 가정과 공장에 공급하려면 발전 및 송·배전시설을 구축하는 등 초기 고정비용이 엄청나게 드는데, 이때 한 기업이 대량생산을 하면 이 돈을 확 줄일 수 있다. 이처럼 '규모의 경제' 논리에 따라 자행되는 독점을 '자연독점natural monopoly'이라고 한다.

정부가 일부러 기업을 하나 지정해 시장에서의 독점을 허용하는 경우도 있다. 미국 정부가 '.com' '.net' 같은 인터넷 주소 관리를 네트워크솔루션이라는 기업에 일임한 것이 그 예다. 특정 기업이 상품 원자재를 독차지한 경우에도 독점이 이루어진다. 세계 최대 다이아몬드 생산 및 판매회사인 드비어스연합광산회사(이하 드비어스)가 여기에 속한다.

드비어스의 이름은 1870년대 남아프리카공화국 농장주 존과 디어데릭 드비어스 형제의 이름에서 유래했다. 단돈 50파운드에 산 농장에서 우연히 다이아몬드가 발견되자, 형제는 이를 팔아치우면서 자신들의 이름을 계속 사용할 것을 매각조건으로 내걸었다. 이후 여러 주인을 전전한 이 광산을 '다이아몬드 제국'의 구심점으로 삼은 것은 영국의 아프리카 식민지 정치인 세실 로즈였다. 영국 시골 성직자의 다섯째 아들로 태어난 세실 로즈는 선천적 심장질환을 치유하고자 1870년 남아프리카공화국 케이프 땅을 밟았다. 당시 남아프리카공화국은 킴벌리에서 다이아몬드가 발견되며 개발 붐이 한창이었다. 세실 로즈는 케이프에서 목화농장을 하던 형과 함께 작은 광산 하나를 불하받아 다이아몬드 광산 개발 열풍에 동참하는 한편, 다른 채광업자들에게 물이나 식량 같은 물품을 공급하는 사업을 병행했다. 그렇게 돈을 모아

De BEERS CONSOLIDATED MINES LTD.

1879년 킴벌리 2대 광산인 드비어스의 주요 주주로까지 성장한 로즈는, 더 많은 이윤을 남기려면 채굴은 물론 유통까지 통제해야 한다고 판단, 1888년 킴벌리, 듀토이츠판, 불트폰테인 지역의 광산을 모두 아우르는 드비어스연합광산회사를 세운다.

다이아몬드 공급시장을 장악하며 가격결정 자유를 얻은 드비어스사는 설립 첫해에만 100만 파운드 넘는 이익을 거둔다. 이 돈은 주변의 크고 작은 광산을 매입하고, 런던에 다이아몬드 중앙판매기구인 다이아몬드 신디케이트Diamond Syndicate를 조직하는 데 사용되었다. 그리하여 1900년대 초 드비어스사는 세계 다이아몬드 원석 생산의 90퍼센트를 통제하게 된다.

세실 로즈가 제국의 초석을 놓았다면, 어네스트 오펜하이머는 그 영향력을 공고히 했다. 1896년 다이아몬드 신디케이트의 일원이던 런던 던켈스부힐러에 입사한 그는, 1906년 던켈스부힐러 가문의 딸과 결혼하며 다이아몬드의 세계에 본격 입문했다. 결혼과 함께 남아프리카공화국의 시민권을 얻은 오펜하이머는 1908년 킴벌리 시장으로 활동하면서 남몰래 나미비아의 다이아몬드 광산 채굴권을 사들이는 등의 사업 수완을 발휘했다. 덕분에 제법 큰돈을 번 오펜하이머는 드비어스 주식을 야금야금 사들여 1929년 결국 드비어스사의 사장 자리까지 오른다. 대공황으로 인해 취임하자마자 파산 직전까지 내몰리는 어려움을 겪었으나 2차 세계대전 중 무기생산에 필요한 공업용 다이아몬드를 독점 공급하면서 수십 년 동안 전 세계에 유통되는 다이아몬드 물량의 80퍼센트를 주무르는 제왕으로 군림하게 된다.

독점인 듯, 독점 아닌, 독점 같은

미국 경제학자 조지 스티글러는 "독점에 대해 논쟁하는 시간을 바퀴벌레 잡는 데 쓰는 게 훨씬 유용하다"고 보았지만, 대다수 경제학자들은 독점을 규제 대상으로 여긴다. 독점의 폐해는 우선 소비자의 선택에 제한을 가한다는 점이다. 학교 구내식당이 하나밖에 없다면 맛없고 비싸더라도 꼼짝없이 사 먹어야 한다. 또한 공급자가 임의로 가격과 공급량을 결정할 수 있기 때문에 완전경쟁일 때보다 물건이 비싸기 십상이다. 이에 각국 정부는 '기업의 시장 독점과 횡포를 막고, 부당 공동 행위 및 불공정거래를 규제하기 위해' 여러 법제를 마련해 운용하고 있다. 이를테면 미국은 1890년 원유시장의 90퍼센트를 장악한 록펠러의 스탠더드오일사를 겨냥해 반독점법(일명 '셔먼법')을 만들었다. 한국의 경우 1990년 '독점규제 및 공정거래에 관한 법률'(일명 '공정거래법')을 제정했다.

독점을 규제하는 구체적인 정책 수단은 크게 세 가지다. 첫번째 방법은 다른 기업의 진입을 허용하거나, 비슷한 회사들끼리의 인수·합병을 정부가 불허하거나, 마이크로소프트사 같은 독점기업을 여러 개로 쪼개 경쟁체제를 유지하는 것이다. 독점기업이 가격을 올리지 못하도록 정부가 가격을 규제하는 차선책도 가능하다. 하지만 공급가를 너무 낮추면 기업의 의욕을 떨어뜨릴 수 있고, 그 손실을 세금으로 보전해주려니 또다시 비효율이 발생한다. 그래서 정부는 세번째 방법, 즉 한국전력이나 철도공사처럼 해당 기업을 공기업으로 삼는 방안을 택하게 된다.

물론 산업의 특수성을 제대로 반영하지 못하는 바람에 독점을 금지해서 오히려 가격이 더 오르는 부작용이 일었던 것이 사실이다. 정부가 담합을 일괄 금지하면서 기업들이 특허권을 함께 사용하며 혁신할 수 있는 길을 막아서기도 했고, 산업의 변화 속도를 따라잡지 못해 규제망이 유명무실해지는 경우도 많아졌다.

2014년 5월 기준 구글은 미국 검색시장의 약 68퍼센트를 차지하고 있고, 여기서 거둬들이는 한 해 수익은 미국 항공사들의 전체 수익을 합친 것보다 세 배가 더 많다. 그렇다면 구글은 독점기업인가. 구글을 검색엔진이라고 생각한다면 그럴 수도 있지만, 광고회사라고 하면 이야기는 달라진다. 미국의 검색엔진 광고시장은 연 170억 달러, 온라인 광고는 연 370억 달러 규모다. 미국 광고시장은 1500억 달러, 전 세계 광고시장은 4950억 달러 정도다. 따라서 구글이 미국 검색엔진 광고를 전부 독점한다 해도 전 세계 광고시장의 3.4퍼센트밖에 차지하지 않는다. 구글을 로봇, 자동차, 안드로이드 휴대전화 등을 만드는 다면적 IT기업으로 본다면 사정은 또 달라진다. 9640억 달러 규모의 세계 IT제품 시장에서 구글의 비중은 0.24퍼센트밖에 안 되기 때문이다. 구글의 '업태'와 '시장'을 재단할 수 없으니 독점을 규명하고 규제하는 일도 애매해진다. 국내 거대 인터넷 기업들도 상황은 같다.

드라이버, 집게, 망치 사용설명서

프랑스 경제학자 장 티롤은 이러한 문제점을 보완하고자 동료 장 자크 라퐁과 함께 오랫동안 독점시장을 규제하는 새로운 이론을 제안하는 데 매달렸다. 1953년 프랑스 툴루즈에서 태어나 1981년 미국 MIT에서 박사학위를 받은 티롤은, 일찍이 산업구조와 기업 사이의 경쟁을 연구하는 산업조직론에 천착했다. 특히 기업의 부당행위나 대기업의 독과점에 관심을 두었다.

티롤은 독과점 단속에 나서는 정책 당국이 기업들의 비용이나 가격에 대한 정보가 부족하다는 점과 단일한 규제 방식을 적용한 점이 바람직하지 않은 상황을 만들어냈다고 보고, "산업별로 다른 규제 틀이 필요하다"는 결론에 도달했다. 따라서 애덤 스미스까지 거슬러 올라가는 반독점 정서와 규제법에 계약이론(정보 비대칭 상황에서 어떻게 계약이 성립되는지에 대한 이론)과 게임이론(상대의 대응을 고려해 자신의 이익을 최대화하는 이론)을 접목해 유연성과 능동성을 덧입혔다. 이로써 각각의 산업이 어떻게 구성되고, 기업들이 어떤 경쟁체제하에 있으며, 정부가 어떤 방법과 강도로 규제해야 하는지에 관한 정확한 지식이 없어도 독점을 방지할 길이 열리게 되었다. 그간의 폐해를 바로잡고, 격변하는 산업구조에 의연히 대처할 방안을 얻은 것이다.

그 공을 인정받아 장 티롤은 2014년 노벨경제학상 수상자로 지명되었다. 노벨경제과학상위원회는 선정 이유를 다음과 같이 밝혔다. "1980년대 초중반만 해도 (…) 사람들은 드라이버 하나만으로 모든 시장의 독과점을 규제하길 원했다. 하지만 티롤은 드라이버뿐 아니라 집게와 망치와 다양한 공구가 필요하다는 것을 알려주었고, 이런 공구를 쓸 때 알아야 할 설명서까지 제공했다."

2006년 2월 유럽위원회는 드비어스사와 알로사 사이의 제휴 금지를 결정했다. 알로사는 보츠와나에 이어 세계 2위의 다이아몬드 생산국인 러시아의 국영 광산업체로, 1960년대부터 러시아 국내 수요를 제외한 다이아몬드 원석 전량을 드비어스사에만 공급해왔다. 유럽위원회는 이를 불공정거래로 보고, 드비어스사에게 2009년까지 알로사 다이아몬드 원석 구매를 단계적으로 줄이라고 명령했다. 2014년 현재 드비어스사의 시장점유율은 약 36퍼센트로 떨어졌고, 다이아몬드 산업에서 누려오던 오랜 권좌도 알로사에 넘겨주었다.

2015년 6월 24일 영국 일간지 〈텔레그래프〉는 다이아몬드 생산량은 점점 줄어드는데 중국 같은 신흥국에서의 수요는 급증하는 만큼, 향후 다이아몬드 가격은 지금보다 더욱 오를 것이라고 보도했다.

참고문헌

"독점의 경제학(1) 구글은 경쟁하지 않았다", 피터 씨엘, 『월스트리트저널』, 2014.9.16.

05

신용의 조건

"돈이 필요해!"

필요한 돈을 가져다주는

신용

'능력'에 따라

정해지는 1~10등급

마이너스 통장

신용카드

은행 대출금

경제행위를 통해 발생한 빚

빚을 갚을 수 있는
'능력'에 따라 정해지는
신용등급

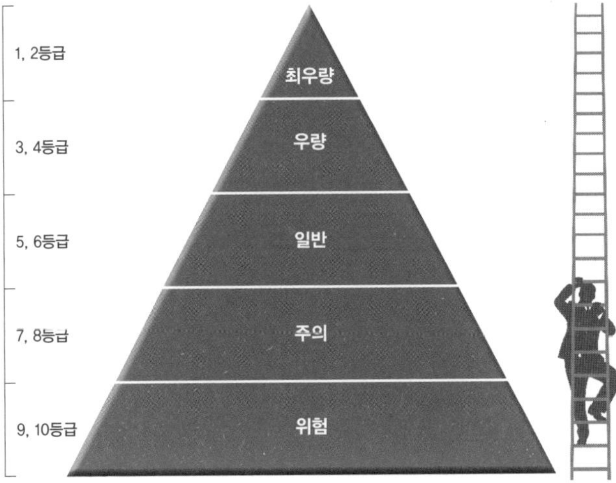

최우량등급
빚을 갚지 않을 위험성이 0.01퍼센트

위험등급
빚을 갚지 않을 위험성이 매우 큼

등급 측정에 필요한 정보

1. 연체 경험
: 정해진 날짜에 꼬박꼬박 갚았는가

10만 원 이상을 5일 동안 미뤘다면
등급 하락

2. 부채 규모
: 소득과 재산에 비해 빚은 적당한가

신용카드 한도액의 50퍼센트 이상을 소비한다면
등급 하락

만약 단 한 번도 빚진 적이 없고
신용카드도 쓰지 않았다면?

정보가 부족하다!

빚을 갚을 거라고 믿을 만한
정보가 부족하다!

좋은 등급을 받기 위한 필수조건
빚

빚이 없는 게 아니라
빚이 있어야 한다!

충분히 갚을 수 있고
충분히 받을 수 있는
빚

2015년 4월
대한민국 가계부채 규모
약 1100조 원(2015년 8월 한국은행 발표 기준)

총 인구수로 나누었을 때
1인당 약 2200만 원

신용의 조건

신용과 신용평가

일반적으로 신용은 사회생활에서 사람과 사람 사이의 사적·심리적 믿음의 정도를 뜻하지만, 경제 분야에서는 채권·채무를 중심으로 한 객관적인 인간관계를 말한다. 신용평가는 채권자가 투자금을 안전하게 회수하고자 채무자의 신용상태 및 재무상태를 조직적으로 평가해 등급을 매기는 행위를 가리킨다.

산업혁명 이전까지 신용평가는 매우 주관적인 방식으로 이루어졌다. 즉 돈을 빌려주는 쪽이 안심이 되면 상대의 신용도가 높은 것으로 간주되었다. 이에 따라 대출 여부와 이자율이 결정되었으니 채무자와 채권자 사이에 늘 갈등이 생길 수밖에 없었다.

이러한 신용평가 방식은 산업혁명 이후 자본주의체제가 급진전하면서 결국 한계에 부딪혔다. 상품의 대규모 생산과 유통이 가능해지고 기업과 국가 간 신용거래가 늘면서 상호 신용을 '객관적으로' 측정해 채무자와 채권자 사이를 중재하고 위험을 최소화할 잣대가 절실해진 것이다.

이에 1909년 미국에서 '무디스 인베스터즈 서비스'와 '스탠더드 앤드 푸어스' 등 신용평가회사가 들어서면서 기업의 자금상황과 성장 여력, 신용거래 실적을 토대로 채권별 등급을 매기기 시작했다. AAA부터 BBB의 '투자적격 등급'과 BB 이하의 '투자부적격

등급'으로 채권을 나누고, 위험도에 따라 다른 이자율을 제시하는 방식이었다. 처음에는 기업 신용도만 측정했으나 점차 금융기관과 국가로까지 범위를 넓히면서 이들이 결정한 신용등급에 따라 회사와 국가 채권의 이자율이 변하고 투자심리가 요동치는 등 오늘날에는 국제적으로 어마어마한 힘을 행사하고 있다.

한국의 신용평가기관은 나이스홀딩스, 한국신용평가정보, 코리아크레딧뷰로 등이 있다. 1980년대 중반부터 활동을 시작했으

KCB

한국신용평가정보

NICE신용평가정보(주)

며, 기업은 물론 소득, 직업, 거주형태 등 각종 신용정보를 종합해 개개인의 신용등급을 매기고 이를 각 기업과 정부에 제공하는 일을 한다. 신용평가기준과 가중치는 기관마다 다른데, 대체로 상환이력 정보와 신용형태 정보, 부채수준, 신용거래 기간 등 금융기관에 진 '빚'을 근거로 삼는다.

상환이력 정보는 쉽게 말해서 빚의 이력을 확인하는 것이다. 신용카드 사용과 신용대출, 현금서비스부터 교통카드 요금까지 모든 신용거래에서 연체한 적이 있는지를 살핀다.

신용형태 정보는 어떤 거래처와 신용거래 했느냐를 따지는 것으로 저축은행 같은 제2금융권을 자주 이용했다거나 제3금융권(사금융)을 이용했다면 신용등급은 하락하게 된다. 특히 대부업체나 제3금융권은 한 번만 이용해도 신용이 6~7등급으로 떨어진다.

부채수준은 소득 대비 빚을 가늠하는 것으로, 신용카드 대금도 여기에 포함된다. 리볼빙 서비스(카드대금 중 일부만 결제하고 이월되는 결제방식) 등으로 카드 사용액이 소득에 비해 지나치게 높을 경우에도 등급에 영향을 준다.

마지막으로 거래기간은 특정 기간 동안 이뤄진 대출과 연체 횟수를 평가한다. 현금서비스를 자주 받았다면 설령 연체 없이 갚았더라도 신용등급에 좋지 않은 영향을 미친다.

이러한 기준에 따라 신용등급은 1~10등급까지 촘촘히 나뉜다. 등급이 낮을수록(가난할수록) 대출 금리는 최대 두 배까지 높아진다.

2011년 통계에 따르면 국내경제활동 인구의 41퍼센트는 신용등급 7등급 이하로 은행에서 대출을 받을 수 없다. 사금융을 이용한 사람의 65퍼센트가 병원비·교육비·생활비로 돈을 썼으며, 한 번 사금융에 발을 디딘 사람의 89퍼센트가 2년 안에 신용불

량자가 됐다.

2015년 관계부처는 신용등급 관리를 위해 '해야 할 일'과 '하지 말아야 할 일'을 공시했다. '해야 할 일'은 계획된 신용생활, 대출 이자나 카드 대금 등의 결제 자동이체, 주거래 금융회사 거래, 주소와 연락처 변경 시 거래 금융회사 통보, 본인의 신용정보 수시 관리 등이고, '하지 말아야 할 일'은 연체, 현금서비스 등 단기 채무의 빈번한 사용, 너무 많은 채무, 여러 금융사에서의 잦은 소액 대출거래 등이다.

Good or Bad

한국의 가계대출 규모는 1997년 외환위기를 거치며 확대되었다. 이전까지 기업대출을 주로 했던 금융기관은, 1997년 이후 기업 대신 가계로 눈을 돌려 대출 문턱을 크게 낮췄다.

당시 한국 사회는 IMF 구제금융을 받아들이면서 강도 높은 구조조정을 수행하고 있었다. 평생직장 개념이 사라지고 비정규직 일자리가 늘었다. 미래에 대한 불안이 증폭된 가운데 저금리 기조와 부동산 붐이 일면서 중산층들은 대출을 받아 부동산 투자에 뛰어들었다.

아파트 값이 급등하며 '레버리지 효과leverage effect'로 돈을 벌었다는 사람이 늘어나자, 많은 사람들이 대출을 받아 집을 사기 시작했다. 레버리지 효과는 타인의 자본을 지렛대로 삼아 자기자본 이익률을 높이는 경제행위로, 가령 자기자본 100억 원으로 10억 원의 순익을 올리면 자기자본이익률은 10퍼센트가 된다.

하지만 자기자본 50억 원에 타인자본 50억 원을 더해 10억 원의 수익을 내면 자기자본이익률은 20퍼센트로 두 배가 뛴다. 빚이 더 큰 이익으로 돌아오는 이 마술은, 빌린 돈에 지불하는 이자보다 수익률이 높을 때에만 '참'이 된다.

가계대출 수요가 줄어들자 금융권은 대출 조건을 더욱 완화해 갔다. 주택담보대출의 경우 20~30년 동안 채무자가 성실히 돈을 갚는다면 대출금의 두 배 이상을 이자로 받을 수 있고, 혹여 못 갚는다 해도 집을 압류하면 되기 때문에 은행으로서는 손해 볼 일이 없었다. 이와 함께 자산 가치를 높이기 위해 지는 빚은 '좋은 빚'이고, 소비하기 위해 지는 빚은 '나쁜 빚'이라는 이분법이 등장하기 시작했다.

2014년 9월 코리아크레딧뷰로는 경기 둔화에도 불구하고 지난 1년간 국민들의 신용이 크게 좋아져, 5등급 이상의 우량 신용등급자 비중이 전체의 80퍼센트에 이른다고 발표했다.

관계부처는 "저금리 영향으로 가계대출 상환능력이 개선되는 추세"라며 "상환능력이 좋아지면 신용등급이 오르고, 신용등급이 오르면 제2금융권에서 대출을 받았던 사람들이 제1금융권으로 이동해 신용상태가 좋아지는 선순환이 이뤄질 수 있다"고 했다.

동시에 가계대출 증가속도도 빨라졌다. 예금취급기관 가계대출 증가액은 2014년 1분기 3조4000억 원에서 2분기 14조7000억 원, 3분기 17조7000억 원, 4분기 22조9000억 원으로 커졌다. 같은 해 8월 이후 중·고소득계층의 가계대출 증가속도는 약 두 배 빨라진 반면, 저소득층의 가계대출 증가속도는 다섯 배 이상 빨라졌다.

특히 8월과 9월 두 달 동안 늘어난 주택담보대출 중 생계자금

목적의 대출 비중은 55.6퍼센트에 달해, 집을 사기보다는 먹고살기 위해 돈을 빌리는 추세를 확인해주었다.

참고문헌

『약탈적 금융사회』, 제윤경 · 이헌욱 저, 부키, 2012
『빚으로 지은 집』, 아티프 미안 · 아미르 수피 저, 박기영 역, 열린책들, 2014

06

비극의 탄생

다시
풀과 나무가 자라는 데
걸리는 시간

다시
물고기가 번식하는 데
걸리는 시간

인류에게 딱 맞는 행성을
다시 찾을 수 있을까?

1968년 과학 논문에 실린 우화

공동으로 쓰는 목초지에서
양을 키우게 된 목동들

어느 날 풀을 뜯는 양을 보며
머릿속에 떠오른 생각

'다른 목동들이 양을 더 풀 때
나만 풀지 않으면 내 손해!'

'다른 목동들이 양을 더 풀지 않을 때
나만 한두 마리 더 풀면 나는 이익!'

자신의 이익을 추구하는
목동의 합리적인 선택

'목초지에 내 양들을 더 집어넣자.'

합리적인 목동이라면
모두 같은 생각

'한 마리 더!'

'또 한 마리 더!'

양이 풀과 풀뿌리까지 뜯어먹어
목초지가 상해도
양을 공유지에 계속 집어넣는 목동

결국
양 한 마리조차 키울 수 없는
황무지가 되어버린 목초지

개인의 이익을 위해 자원이 남용되면
결국 전체의 손실을 가져오는

'공유지의 비극The tragedy of the commons'

그 결과

지구라는 공유지에서
벌어지고 있는 비극

풀이 자라는 속도보다 빠르게
풀을 먹어치운 양처럼

나무가 자라는 속도보다 빠르게
나무를 자르거나 불태우고

지하수가 고이는 속도보다 빠르게
지하수를 퍼올리고

물고기가 번식하는 속도보다 빠르게
물고기를 남획

더 많이 생산하고
더 많이 소비하는 것이
환경을 파괴한다는 것을 알면서도

더 많이 생산하고
더 많이 소비한다

'지구라는 공유지의 목초 가운데
60퍼센트는 이미 사라졌고,
이대로라면
누구도 뜯을 풀이 없는
황무지가 될 것이다.'
–「유엔 밀레니엄 생태계 평가보고서」(2005)

비극의 탄생

합리적 개인의 치명적 해악

미국 생물학자 가렛 하딘이 1968년 12월 13일자 과학전문지 『사이언스』에 기재한 「공유지의 비극」은 공유자원에 내재한 비극적 논리를 짧은 우화로 설명한 논문이다.

모두에게 개방된 목초지가 하나 있다. 주변에서 양을 치는 목동들이 모두 합리적이라면, 저마다 거기에서 가능한 한 많은 양을 키워 최대한의 이익을 추구하려 들 것이다. 그런데 목동들이 각자의 양을 한 마리 늘릴 때마다 일장일단이 생긴다. 긍정적인 요소는 양 한 마리가 늘어난다는 사실 자체다. 부정적인 요소는 그만큼 풀이 줄어든다는 것이다. 하지만 양 한 마리는 온전히 내 것인 반면, 내가 감수해야 할 부정적 효과는 다른 목동과 함께 나눈다. 즉 목동이 n명이라면 나에게 돌아오는 손해는 n분의 1밖에 안 된다. 따라서 합리적으로 계산해보면 모든 목동은 양을 한 마리씩 더 키우는 게 낫다.

그리하여 모두가 목초지에 한 마리씩 양을 더 방목한다. 그리고 얼마 뒤 눈앞에 펼쳐진 현실에 망연자실한다. 그 많던 양은 다 어디로 갔을까. 과도한 방목으로 풀이 다 사라져 굶어 죽은 것이다.

'죄수의 딜레마' 게임에 기초해 「공유지의 비극」을 구성한 하딘은 사익을 추구하는 합리적 개인들에 의해 공유자원이 고갈되는 것은 필연이며, 이를 막으려면 외부 힘이 개입해 공유자원을 사유화하든지 정부 권력이 이용을 제한해야 한다고 조언한다. 애초에 숲, 풀밭, 공기, 호수의 물고기, 지하자원 등 인류 공동의 자원 배분 문제를 겨냥했으나 직관적인 호소력 덕분에 '공유지의 비극'은 이후 생태학, 사회학, 경제학 등 많은 분야에서 즐겨 사용하는 개념으로 자리잡았다.

시장이냐 정부냐

경제학에서 '공유지의 비극'은 일종의 딜레마다. 애덤 스미스에서 기원한 시장논리는 "보이지 않는 손에 의해 개인의 이익 추구가 사회적 부의 증가로 귀결된다"인데, '공유지의 비극'은 같은 행동이 전혀 다른 결과로 이어질 수 있음을 보여주기 때문이다.

세상의 재화는 배제성excludability과 경합성rivalness을 기준으로 크게 사유재, 요금재, 공공재, 공유재 등 네 가지로 나뉜다. 배제성은 돈을 내지 않은 사람은 소비에서 배제할 수 있는 재화의 성격이고, 경합성은 한 사람이 소비하면 다른 사람의 소비는 그만큼 줄어드는 재화의 성격이다. '공유지의 비극'은 시장에서 거래되는 사유재와 공유재의 성격이 서로 달라서 발생한다. 사유재는 배제성과 경합성을 모두 갖춘 재화로서 모든 권한이 개인에 달려 있다. 만약 문제의 목초지가 사유지였다면 풀이 다 사라지기 전에 주인은 출입요금을 받는 등의 조치를 취했을 것이다. 공유재는 배제성은 없으나 전체 양이 한정돼 있어 경합성을 띄는 재화로서 모두가 권리를 갖는 대신 책임 주체를 특정할 수 없다. 바닷속 고래는 내가 잡는다고 해서 남이 못 잡는 건 아니지만, 마릿수가 제한적이라 남들이 잡는 동안 가만히 있으면 나만 손해를 본다. 이런 경쟁심으로 너도나도 고래잡이에 뛰어들면 결국 고래는 멸종한다.

공유재의 딜레마를 해소하는 전통적인 방법은 하딘의 제언대로 시장과 정부의 개입 중에서 양자택일하는 것인데 신자유주의 시대를 지나며 각국의 선택은 '시장' 쪽으로 완연히 기울었다. 이에 대한 이론적 근거는 영국 경제학자 로널드 코스의 '코스 정리 Coase theorem'다. 코스 정리는 정부가 개입해야만 해결할 수 있다고 생각한 문제도 재산권을 설정해 시장에 맡기면 된다는 사실을 증명한 이론이다. 이 이론으로 로널드 코스는 1991년 노벨경제학상을 받았고, 이후 사유화는 공유재를 관리하는 가장 바람직한 대책으로 인식되었다.

국가나 기업별로 탄소배출량을 미리 정해놓고, 허용치의 미달분이나 초과분을 탄소배출거래소에서 사고팔도록 한 탄소배출권거래제는 이러한 사고에 기반한 대표적인 제도다. 1997년 미국, 유럽연합, 일본, 오스트레일리아, 스위스 등 세계 37개 선진국들은 교토의정서에 따라 2020년까지 온실가스 배출량을 단계별로 감축하기로 합의했다. 각 나라마다 탄소배출량을 정하고, 그 안에서 기업들 간 매매가 이루어지도록 한 것이다. 협상 당시 한국은 개발도상국으로 분류돼 교토의정서에 구속받지 않았으나 2012년 자발적으로 동참의 뜻을 밝혔다. 이에 곧바로 관련 법률을 제정, 2015년 1월 12일부터 탄소배출권거래제를 시행하고 있다.

구원의 길

시장주의가 헤게모니를 장악하는 동안 미국의 정치학자 엘리너 오스트롬은 시장과 정부 사이에 길을 내고 있었다. 1933년 캘리포니아 로스앤젤레스에서 태어난 오스트롬은 대공황과 2차세계대전으로 인해 가난한 유년기를 보냈다. 1951년 UCLA 정치학과에 입학해 1965년 박사학위를 땄고, 이듬해 인디애나대학 정치학과 부교수로 부임했다. 어린 시절을 문명이 만든 지옥 속에서 보낸 그녀는 파국을 막기 위해 인간의 협동을 어떻게 자발적으로 이끌어낼 것인가라는 주제에 천착하여, 1973년 남편이자 정치철학자인 빈센트 오스트롬과 함께 '정치이론 및 정책분석 워크숍'(이하 워크숍)을 열었다.

게임이론과 집합행동이론, 사례에 대한 경험적 분석을 활용하며 워크숍이 일관되게 연구한 것은 공유자원을 효과적으로 개발·관리하기 위한 제도적 방안을 모색하는 것이었다. 이때 제도는 외부에서 주어진 고정불변의 것이 아니라, 내부로부터 끊임없이 생성·발전하는 가변적인 것으로 상정된다. 제도는 그 영향을 받는 구성원들의 동기를 변화시킬 수 있다. 또한 구성원들의 집합적 선택에 따라 제도는 수정·변화될 수도 있으며, 그래야만 지속성을 갖는다. 오스트롬은 '공유지의 비극'을 제어할 주체로 거론되었던 시장이나 정부 대신, 보다 다양한 방식으로 효율적으로 관리할 수 있는 새로운 전망을 제시하는 데 주력했다.

이후 전 세계 여러 공유자원 관리시스템을 파고든 오스트롬은 정부나 시장 같은 외부 강제력보다 사회 구성원들에게 관리를 내

맡겼을 때 공유자원이 훨씬 잘 관리될 수도 있다는 결론에 도달한다. 태국, 네팔, 니제르, 인도 등의 경우 오랫동안 부락에서 관리해오던 삼림을 국유화하자 감시인력 부족과 관리인들의 상습적인 뇌물 요구로 삼림이 더 훼손되는 경향이 발견된 것이다. 어장이나 숲, 지하수 등은 사유화 하기가 거의 불가능할뿐더러, 소유권을 나눈다고 해서 환경파괴나 자원고갈을 막을 수 없다는 사실도 밝혀졌다. 반면 크고 작은 공동체 구성원들이 지속적인 신뢰관계에 기초해 자율관리시스템을 가동한 곳에서는 공유자원이 오래도록 효율적으로 보존되었다. 오스트롬은 상세한 조업 규칙을 어장에 적용한 터키의 어촌, 방목장을 함께 쓰는 스위스의 목장지대, 농사용 관개시설을 공유하는 스페인과 필리핀의 마을 등 수백 년 이상 공유자원을 관리해온 국제적인 사례를 발굴·분석해, 공동체가 '공유지의 비극'을 해결할 제3의 주체가 될 수 있음을 실증했다.

1990년 오스트롬은 이와 같은 연구내용을 정리해 『공유의 비극을 넘어』라는 제목으로 책을 펴냈고, 이 책은 2009년 노벨경제학상을 공동 수상할 때 가장 중요한 저작으로 언급되었다. 그러나 오스트롬은 "모든 병에 다 듣는 만병통치약은 없다"면서 공동체가 공유자원을 관리할 유일무이한 존재로 받아들여지는 일을 경계했다. 자연자원의 성격과 소유형태, 집합행동 원리에 따라 정부와 지역 주민들 간에 다양한 공조체제가 이루어져야만 지속가능한 대안을 마련할 수 있다는 「사회-생태 시스템의 지속가능성 분석을 위한 일반 체계」(2009)는 그 내용을 담은 또다른 연구결과다.

2005년 3월, 유엔의 주도 아래 구성된 '밀레니엄 생태계 평가위원회'가 지구라는 공유재에 대한 총 2500여 쪽의 감사보고서를 발표했다. 이에 따르면 인간은 지난 50년 동안 자연 생태계를 돌이킬 수 없을 정도로 착취했다. 주요 원인은 2차세계대전 이후 인구가 폭증하면서 식량, 식수, 목재, 섬유, 연료 등의 수요가 급격히 늘어난 것이다. 그 결과 1945년 이후 전 세계를 통틀어 농작지로 개간된 땅의 규모가 18~19세기 개간된 땅의 전체 규모를 뛰어넘었고, 호수와 강에서 끌어다 쓴 물의 양도 두 배 이상 늘었다. 수산자원의 4분의 1이 남획되고, 조류의 12퍼센트, 포유류의 25퍼센트, 양서류의 30퍼센트 이상이 다음 세기 안에 멸종될 위기에 처했다. 또한 지중해 지역, 온대 지역, 열대 및 아열대 지역 등 거의 모든 지역의 삼림 생태계도 절반 이상이 파괴된 것으로 나타났다.

참고문헌

『공유의 비극을 넘어』, 엘리너 오스트롬 저, 윤홍근 역, 랜덤하우스, 2010

07

산다는 것

무엇을 살 것인가
무엇을 사지 않을 것인가

F. DOUGLASS
W. E. DU BOIS
TOUSSAINT LOUVERTURE
P. ROBESON
10%
Charleston
40%
CUBA
Mexico
Veracruz
JAMAICA
Santo Domingo
PUERTO RICO
Azores Islands
Lisbon
Canary Islands
Cape Verde Islands
GORÉE Island
Timb
Cartagena
Pernambuco
Bahia
40%
Rio de Janeiro
10%
Valparaiso
Montevideo
Buenos Aires
ATLANTIC
OCEAN

아프리카 서해안에 도착한 영국의 배가
아프리카인들을 싣고
서인도제도로 향한다

서인도제도에서 설탕의 원료인
사탕수수를 경작하는 농장에
노예로 팔려갔던 아프리카인들

18세기
노예를 사고파는 노예무역을 통해
막대한 경제적 이익을 누렸던
영국

당시 노예무역을 강력하게 지지한
상인, 군인
왕족과 귀족들

그러나
조금씩 퍼져나가는 다른 생각

'인간을 사고파는 것은 금지되어야 한다.'

1791년
노예무역을 폐지하기 위해 시작한
서인도제도산 설탕 불매운동

"만약 소비자가 노예가 만든 설탕을 사지 않는다면
생산자도 설탕을 만들기 위해
노예를 사지 않을 것이며
그러면 비인간적인 노예무역도
사라질 것이다!"

불매운동과 함께 3분의 1로 줄어든
서인도제도산 설탕 판매량

노예가 생산하지 않는
동인도제도산 설탕 판매량
2년 동안 10배 증가

'소비의 방식'이 바뀌면
'세상'이 바뀔 수도 있음을
인식한 사람들

1807년 영국
노예무역 폐지

10여 년 후

"여섯 가구가 서인도제도 설탕 대신
동인도제도 설탕을 이용한다면
한 명의 노예가 덜 필요하게 됩니다."

노예제도를 폐지하기 위해
부활한 불매운동

소수만이 투표권을 가지고 있던 시대

투표권은 없어도
소비자라면 누구나 가질 수 있었던
시장에 행사할 수 있는 힘

설탕 상점마다 등장한
노예제도 반대 설탕 그릇 Anti-Slavery Sugar Bowl

"노예가 만들지 않은 동인도제도 설탕입니다."

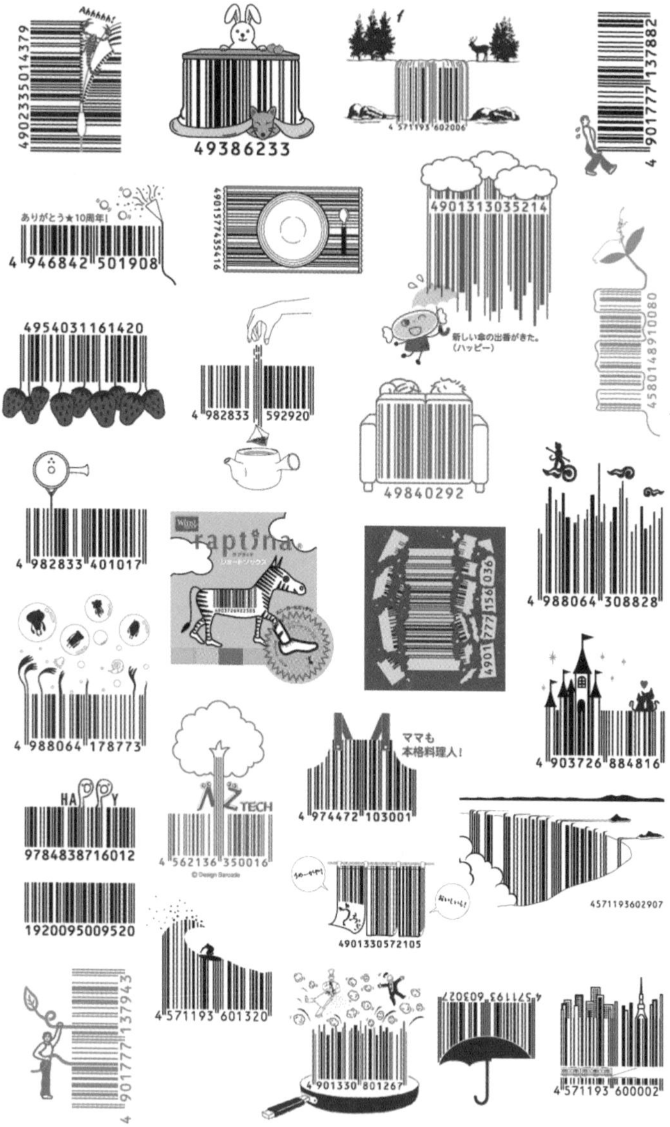

49386233
ありがとう★10周年!
4 946842 501908
4901313035214
新しい傘の出番がきた。
(ハッピー)
4954031161420
4 982833 592920
49840292
4 982833 401017
raptina
4 988064 308828
4 988064 178773
ママも
本格料理人!
4 974472 103001
4 903726 884816
HAPPY
9784838716012
TECH
4 562136 350016
© Design Barcode
1920095009520
4901330572105
4571193602907
4 571193 601320
4 901330 801267
4 571193 600002

"산다live는 것은 산다buy는 것이다
산다buy는 것은 권력이 있다는 것이다
권력이 있다는 것은 의무가 있다는 것이다."

– 플로렌스 켈리, 미국 소비자단체 NCL 초대 대표

ECONOMY

2부

누구를 위한 것인가

01

시장이냐 정부냐

자유로운 시장

VS.

정부의 계획

무엇을 믿을 것인가?

1차세계대전의 끝
전장에서 돌아온
패전국 오스트리아의 병사

그의 조국이 맞이한 현실

막대한 전쟁배상금을 부담하기 위해
밤낮없이 돈을 찍어내는 은행

늘어난 화폐로 인한
살인적인 물가상승

하이퍼인플레이션

공무원과 연금수령자의
일주일치 소득으로 살 수 있는 것은
빵 한 덩이 혹은 달걀 두 개

"우리가 자라온 문명이
붕괴되고 있다는 걸 실감했습니다.
사회를 재구성하려는 열망 속에서
경제학을 공부했습니다."

젊은 경제학자 하이에크에게
무엇보다 위협적으로 느껴진
인플레이션

그가 경기순환과 화폐를 연구하며
도달한 결론

'까다로운 경제문제를 해결할 수 있는
단순한 방법은 없다.'

'정부의 잘못된 경제 계획은
상황을 더 악화시킬 뿐이다.'

한편
장기불황의 해결책을 제시한
영국의 경제학자

존 메이너드 케인스

부족한 수요를 채우고
경기를 활성화하기 위한

제3의 경제주체
정부의 개입을 주장

2차세계대전 뒤
전후 복원이라는 과제 앞에 각국 정부는
케인스의 처방전을 선택한다

그리고
1970년대 중반

20여 년의 경제성장 끝에 찾아온
경기불황과 물가상승

스태그플레이션

"오늘날 인플레이션의 책임은 유감스럽게도
케인스의 학설을 무비판적으로 따른
경제학자들에게 있다."

– 프리드리히 하이에크

완전고용 정책 폐기

공기업 민영화

각종 규제 완화

마침내 현실 정책으로 실행된

작은 정부와 자유로운 시장

그러나 2007년
또다시 찾아온
시장의 위기

대공황 이후
최악의 금융위기

또다시 부활한
케인스식 경기부양 처방과
이에 반대하는 목소리

시장이냐 정부냐

하이에크냐 케인스냐

시장이냐 정부냐

전쟁이 낳은 경제학자

프리드리히 하이에크는 1899년 오스트리아 빈에서 삼형제 중 맏이로 태어났다. 18세기 말 작위를 받은 하이에크 집안은 대대로 학자를 배출할 만큼 학구적인 가풍을 자랑했고, 외가 역시 유명 경제학자를 둔 명망가였다. 그러나 하이에크는 가문의 명성에 부응하는 명민한 아이는 아니어서, 1917년 오스트리아 통신장교로 1차세계대전에 참전하기까지 두 번이나 학교에서 쫓겨났다.

사관후보생 과정을 마친 후 이탈리아 전선에 배치된 하이에크는 총알이 머리를 스치고 전선에 목이 걸리는 등 몇 번이나 죽을 고비를 넘겼다. 하지만 그런 위기를 제외하면 전장은 하릴없는 기다림이 계속되는 곳이었다. 하이에크는 전장에서의 지루함을 달래고자 옆에 놓인 경제학 책을 집어들었고, 이후 경제학을 일생의 과업으로 삼았다.

1918년 11월 11일, 독일과 연합국 사이에 휴전협정이 체결되며 전쟁은 종식됐다. 오스트리아 병사들은 모두 귀향했으나, 돌아온 고국은 더이상 5000만 인구를 통치하던 제국이 아니었다. 독일의 동맹국으로 전쟁에 참여했던 오스트리아-헝가리제국은 1919년 9월 10일 패전의 책임을 지고 이민족의 분리·독립, 징병제도 금지, 군비제한, 배상금 등을 규정한 '생제르맹조약'을 연합국과 맺었다. 이에 따라 체코슬로바키아, 폴란드, 유고슬라비아, 헝가리 등이 독립하고, 오스트리아-헝가리제국은 옛 영토의 70퍼센트를 잃었다.

몸통이 잘려 경제력의 대부분을 잃은 오스트리아 정부는 승전국에게 배상금을 지불하기 위해 마구잡이로 화폐를 찍어냈다. 시장이 수용할 수 있는 돈의 수백 배가 유통되자 하이퍼인플레이션이 몰아닥쳤다. 돈이 제 가치를 잃으면서 전쟁 전 0.5마르크였던 빵 한 덩이가 1923년 1000억 마르크까지 치솟았다. 아이들이 돈뭉치로 블록 놀이를 하고, 벽지 대신 돈을 바르는 일은 일상의 흔한 풍경이 되었다.

종전 후 빈대학 법학부(법학부에서는 경제학도 가르쳤다)에 입학한 하이에크는 지독한 경제난 속에서 학업을 이어갔다. 저축해둔 돈이 종이쪽지가 된 상황에서 의사인 부친이 진료비를 올려 받으며 간신히 생계를 잇던 그 시절, 산업혁명 이전으로 후퇴한 경제적 현실에 하이에크는 인플레이션과 국가의 시장 참여에 적개심을 품는다. 시장에 대한 절대 신뢰, 자유에 대한 무한한 옹호, 자유주의와 사회주의, 전체주의를 불문하고 국가가 경제에 인위적으로 개입하는 모든 행위에 대한 극한 반감을 갖는 등의 하이에크 경제학의 특징은 (아마도) 이 시기에 기원한다.

'숙적' 존 메이너드 케인스를 처음 만나는 것도 이 시기다. 종전 후 케인스는 영국 재무성 대표로서 독일의 전후처리 문제를 논의하는 파리강화회의에 참석한다. 자리에 모인 연합국 대표들이 단지 독일을 혼내줄 요량으로 과도한 배상금을 청구하자, 케인스는 그로 인해 민생이 파탄나고 정치적 반란 같은 극단적 상황이 벌어질 수 있다며 반대하지만 그의 의견은 묵살된다. 이에 케인스는 사표를 내던지고 보름 만에 『평화의 경제적 귀결』을 집필하여 연합국의 비인도·비이성적 처사를 비판한다. "우리는 심각한 위험에 처해 있다. 유럽인의 생활수준이 급속도로 악화돼 실제로 굶어 죽는 사람이 생길 정도다. (…) 사람들이 이처럼 곤궁에 처하면 그나마 남아 있는 사회조직을 뒤엎을 수도 있고, 문명 자체가 붕괴될 수도 있다." (케인스의 이와 같은 전망은 아돌프 히틀러가 독일의 민심과 정권을 장악하며 현실화된다.)

『평화의 경제적 귀결』은 패전국 청년들 사이에서 커다란 반향을 일으킨다. 하이에크도 케인스의 저서를 정독하며 남몰래 흠모하다가, 빈대학을 거점으로 삼은 오스트리아학파를 만나 경제학에 본격 입문한다.

100년 전쟁의 서막

오스트리아학파는 1차세계대전 이전에 결성돼 전쟁 및 마르크스주의와 부딪히며 이론적 체계를 갖춘 근대 경제학파다. 카를 멩거를 시조로 삼아 개인주의와 자유주의를 신봉하고 사회주의적 계획경제보다 자유시장과 경쟁의 우위성을 주장했으며, 특히 상품의 가격과 기회비용을 중요하게 여겼다.

1920년대까지 하이에크는 오스트리아학파의 이름 없는 새내기에 불과했다. 그러나 1929년 빈대학 경제학과 객원강사직 자리를 놓고 시연한 공개강의에서, 소비를 줄이고 저축을 늘리면 경기불황이 온다는 케인스의 '저축의 역설'을 비판하며 영국에 진출할 기회를 잡는다. 당시 영국 경제학은 케임브리지대학의 신고전학파가 헤게모니를 장악하고 있었는데, 그 중심에는 알프레드 마샬과 케인스가 있었다. 케임브리지대학을 경쟁자로 여기던 런던정경대학 경제학자 라이어넬 로빈슨은 케인스에 필적할 만한 대항마를 물색하던 중 하이에크의 논문을 읽었고, 소비로 인한 인플레이션을 경계하는 변방의 젊은 이론가에게서 가능성을 보았다. 그리하여 1931년 로빈슨은 하이에크를 런던정경대학에 초빙, 케인스와의 대결을 성사시킨다.

처음 두 사람은 1920년대 내내 영국을 괴롭힌 실업 문제와 관련해 국가의 통화정책을 놓고 논쟁을 벌일 예정이었다. 실제로 하이에크는 1931년 런던정경대학 학술지 『이코노미카』에서 케인스의 『화폐론』을 비판하며 도발했다. 하지만 1929년 10월 미국에서 촉발된 대공황은 논점을 예상치 못한 곳으로 옮겨, 케인스와 하이에크는 '경제사 100년 전쟁'의 화두, 즉 시장경제를 무너트리는 요인은 무엇이고, 이에 대한 올바른 대응은 무엇이며, 향후 같은 상황을 예방할 최선의 길은 무엇인가를 놓고 격돌하게 된다.

먼저 케인스는 유효소비가 줄어든 것이 불황의 원인이며, 정부가 제3의 경제주체로 항상 존재하면서 통화정책, 세금인하, 공공사업 등으로 유효소비를 늘려야 한다고 보았다. 이에 하이에크는 많은 투자로 인한 과도한 신용 확대를 불황의 원인으로 꼽고, 저축으로 인플레이션을 진정시키는 한편, 시장이 자생적으로 질서를 회복하도록 기다려야 한다고 반박했다.

"시장은 이성을 갖춘 합리적 인간이 완벽한 계획을 갖고 만나는 장소가 아니라 불완전한 인간이 제한된 정보를 갖고 만나는 장소이며, 시장에 대한 분절된 정보는 시장에 참여하는 당사자들이 가장 잘 안다. 따라서 정부가 시장에 개입하는 어떤 행위도 결과적으로 왜곡을 초래할 수밖에 없으니, 개인이 자유시장에서 공정한 경쟁을 펼치고, 그 경쟁이 최대한 유익한 결과를 낳도록 제도를 만드는 데 충실해야 한다"는 것이 하이에크의 요지였다.

이런 맥락에서 하이에크는 시장경제 같은 자생적 질서를 계획경제 같은 인공적 질서로 바꾸려는 모든 정치적 시도를 타도의 대상으로 삼았다. 1944년 출간된 『노예의 길』은 하이에크의 주장을 일목요연하게 정리해낸 저서다. 하이에크는 당시 유럽에서 세를 불려나가던 사회주의가 파시즘으로 귀결될 것이라고 내다보았고, "경제의 자유 없이 개인적·정치적 자유가 있어 본 적이 없"으며 "자유시장을 버리고 계획경제를 주창하는 사람들은 의도가 아무리 좋다 한들 결국 폭정을 초래하기 쉬운 길로 들어선다"고 주장했다. 『노예의 길』은 훗날 신자유주의의 초석, 마거릿 대처의 정전이 된다.

1승 1패

1936년 케인스는 자신의 생각을 정리해 『고용, 이자 및 화폐에 관한 일반이론』(이하 일반이론)을 펴낸다. 하이에크는 1941년 『자본에 대한 순수이론』으로 맞불을 놓지만, 우선 승자는 케인스로 결정된다. 대공황에 대한 하이에크의 진단이 옳았다 치더라도 해결방안이 비현실적이었기 때문인데, 변변한 호구지책도 없는 극심한 불황에 저축은 꿈도 꿀 수 없었던 것이다.

1940년대 미국을 비롯한 자본주의 국가들은 신고전주의 경제학을 수정한 케인스의 『일반이론』을 그야말로 '일반이론'으로 받아들여 대공황을 탈출했다. 케인스는 위기에 처한 자본주의를 구원했고, 그의 아성은 전 세계적으로 이후 30여 년간 지속된다. 그러나 1970년대 두 차례에 걸쳐 아랍 산유국들이 원유생산과 수출을 제한하여 원유 값이 급등하는 '석유파동'이 일면서 하이에크의 역습이 시작된다.

원자재 값이 오르자 생산과 일자리는 줄어드는데 물가는 상승하는 스태그플레이션이 발생했다. 케인스주의는 '불경기에는 물가가 떨어지고, 호경기에는 물가가 오른다'는 기존 이론을 거스르는 사태에 우왕좌왕했다. 불황에 대한 두 가지 대처법 중 하나가 오류에 빠지자 곧바로 다른 하나가 소환되었다. 그런데 이때 불려온 하이에크는 혼자가 아니었으니, 밀턴 프리드먼, 조지 스티글러 등이 포진한 시카고학파가 지원사격에 나섰다. 시카고대학을 중심으로 한 일단의 경제학자들로서 '신자유주의학파'로도 불리는 시카고학파는, 자유시장을 가장 공정하고 효율적인 부의 분배방식으로 여기며 물가상승을 억제하려면 자유로운 가격기능이 부활해야 한다고 주장했다.

하이에크와 시카고학파는 1979년 마거릿 대처가 영국 총리에 당선되고, 1980년 로널드 레이건이 미국 대선에서 승리하면서 주류경제학으로 부상했다. 영국과 미국은 공공지출 삭감, (부자) 감세, 국영기업 민영화, 노조활동 규제, 통화정책에 입각한 인플레이션 억제 등으로 교착상태를 돌파했고, 이들이 펼친 신자유주의 경제정책은 다른 자본주의 국가의 귀감이 되었다. 그러나 정작 하이에크는 대처리즘과 레이거노믹스를 "현 시대에 기대할 수 있을 만한 적당한 정책"이라고 평가절하했다. 그의 궁극적인 목표는 국방을 제외한 국가의 역할과 기능을 사기업에 완전 일임하는 데 있었다.

양자택일을 둘러싼 질문들

1974년 하이에크는 자유주의의 이론적 기초를 확립한 공로로 노벨경제학상을 받았다. 이후 30여 년간 하이에크는 절대 지위를 누리지만, 2007년 판세는 또다시 뒤집힌다.

2000년대 초 조지 부시 미국 대통령은 IT버블 붕괴, 9·11테러, 아프간·이라크 전쟁 등으로 악화된 경기를 부양하고자 초저금리 정책을 펼친다. 주택융자 금리가 인하되고 부동산 가격이 상승하자, 저소득층을 대상으로 한 주택담보대출인 서브프라임 모기지의 거래량도 큰 폭으로 증가했다. 문제는 2004년 정부가 초저금리 정책을 중단하면서 벌어졌다. 부동산 거품이 꺼지고 서브프라임 모기지 금리가 오르면서 원리금을 갚지 못해 파산하는 대출자들이 잇따랐다. 설령 대출자가 망하더라도 주택 가격이 대출원금보다 높으니 손실 걱정은 없다고 판단해서 증권화된 서브프라임 모기지론을 잔뜩 사들인 금융기관들은 결국 대출금 회수 불능 사태에 처했고, 손실은 걷잡을 수 없이 커졌다. 결국 2007년 리먼브라더스 등 대형 금융사와 증권회사 들이 파산을 선고하며 세계경제를 충격에 빠트렸다.

서브프라임 모기지론 사태에 케인스주의자들은 신자유주의의 종말을 선언했다. 버락 오바마 대통령도 2009년 8250억 달러라는 사상 최대 규모의 정부 차입금을 경기회복에 쏟아부으며 이에 부응했다. 하지만 케인스식 처방에도 실물경제는 좀처럼 회복되지 않았다. 설상가상으로 2010년 정부부채 위기가 터지면서 움츠리고 있던 하이에크 진영이 반격을 재개했다.

케인스와 하이에크를 따라 먼 길을 돌아 또다시 불황 앞에 선 지금, '시장 혹은 정부'라는 양자택일은 간단치 않은 질문들을 포함한다. 이를테면 오늘날 정부의 역할은 무엇이며, 무엇을 위해 재정적자를 감수해야 하는가. 시장은 과연 자유롭고 공정한 경쟁이 펼쳐지는 장소인가. 정부가 포괄하는 사회안전망의 범위는 어디까지인가. "실업자들을 방치할지언정, 공장을 놀릴지언정, 대공황에 허덕이는 수많은 대중의 절망을 못 본 체할지언정, 그로 말미암아 자본주의 시스템의 명성이 손상될지언정 진정한 원리를 찾아 후퇴하고 싶지 않다는 진성 보수주의자"들을 어떻게 설득하고 통제할 것인가. 위기마다 시장과 정부 중 하나를 선택하는 행위는 의미 있는 일인가. 우리의 선택지는 이것뿐인가.

참고문헌

『프리드리히 하이에크』, 애덤 테블 저, 이화여대통번역연구소 역, 아산정책연구원, 2013

『케인스 하이에크』, 니컬러스 웝숏 저, 김홍식 역, 부키, 2014

02

돈의 마술

이 돈으로 뭘 하지?

하루 세 번
수레 가득 지급되는 급여

돈을 받자마자
시장으로 달려가는 사람들

어제보다
100퍼센트 높아진 물건의 가격

어제의
절반이 된 돈의 가치

1923년 독일

3년 전
여유로운 삶을 약속해준
2000만 마르크

3년 후
아무것도 약속하지 못하는
2000만 마르크

“제 부친은 변호사였습니다.
1903년에 보험에 가입해서
20년 동안 보험료를 꼬박꼬박 내셨죠.
그런데 1923년 만기된 보험금을 가지고
살 수 있었던 것은 고작 빵 한 조각이었습니다.”

–『페이퍼 머니』 중

20000000
변한 것 없는
화폐 위의 숫자

그러나
달라진 숫자의 값어치

물가에 따라
늘어나고 줄어드는
돈의 마술

수레 가득 담긴 지폐로
살 수 있는
500억 마르크
우표 한 장

2000억 마르크
빵 한 덩어리

장난감을 사지 못하고
장난감이 된

벽지를 사지 못하고
벽지가 되어버린

숫자가 쓰인
작고 질긴
종이 한 장

"돈의 크기는
액수의 크기가 아니라
'무엇을 얼마나 살 수 있느냐' 하는
구매력을 의미한다."

2008년 짐바브웨

100조 짐바브웨 달러의 가치
달걀 3개

"도시는 여전히 그 자리에 있었다.
집들이 폭격으로 폐허가 되지도 않았다.
하지만 희생자는 수백만 명에 달했다.
이들은 재산과 예금을 잃어버렸다.
이들은 자신감을 상실했으며,
열심히 일하기만 하면 자기 삶의 주인이 될 수 있으리라는
희망을 잃어버렸다."

– 펄 벅, 『그것은 어떻게 일어나는가』

돈의 마술

종이가 된 종이돈

금융 전문가이자 『커런시 워』의 저자 제임스 리카즈는 '통화전쟁currency war'을 수출과 일자리를 늘리기 위해 각 나라가 경쟁적으로 외환시장에 개입해 자국 통화가치 하락을 의도적으로 유도함으로써 벌어진 경제전쟁으로 정의한다. 1930년대 대공황을 촉발한 1차통화전쟁(1921~1936), 브레튼우즈 체제가 붕괴된 2차통화전쟁(1967~1987)에 이어 2010년 이후 현재까지 세 차례 발생했으며, 첫번째 진원지는 1921년 독일 바이마르공화국이었다.

1918년 11월 11일 1차세계대전 휴전협정을 체결한 독일과 연합국은, 이듬해 6월 28일 파리강화회의에서 '베르사유조약'을 맺고 전후 처리 문제를 마무리지었다. 이에 따라 패전국 독일은 해외 식민지를 몰수당하고 프랑스에 알자스-로렌 지방을 반환하는 등 영토의 13퍼센트를 내놓았으며, 영국과 프랑스 등에 징벌적 배상금을 지불해야 했다. 전범국으로서 인구와 영토를 잃은 데다 기간산업마저 파괴돼 조약을 이행할 길이 없었던 독일 정부는 통화가치를 인위적으로 조절하는 방법을 선택했다. 돈을 많이 찍어서 마르크화 가치를 떨어뜨리면 해외에서 독일 상품의 가격이 저렴해질뿐더러, 다른 나라의 독일 내 투자도 늘어날 테니 손해볼 일이 없다고 판단한 것이다. 전후 생필품이 턱없이 부족한 상황에서 시중에 많은 양의 돈이 풀리자 통화가치가 급락하기 시작했다.

1921년, 통화가치 하락 정책으로 인해 인플레이션 조짐이 나타났으나 이를 위협으로 여기는 사람은 별로 없었다. 물론 부자들은 일찌감치 마르크화를 스위스프랑이나 금, 귀금속 등으로 바꿔 해외로 옮겨놓았다. 자산에 맞먹는 부채를 갖고 있던 독일 은행들도 그때까지는 손실을 입지 않았다. 노동조합에 속한 노동자와 공무원 들은 물가상승률에 상응한 급여를 받았고, 일부 회사는 인플레이션으로 인해 빚의 가치가 줄면서 오히려 부유해졌다. 주식부자들은 떨어진 통화가치 대신 주가가 오른 것을 위안으로 삼았다. 반면 여기에 속하지 않는 대다수 시민은 치솟는 물가로 인해 완전히 파산했다. 사람들은 생계를 잇기 위해 가재도구를 내다팔았다. 피아노가 화폐 대용으로 사용되고, 재산권과 관련한 각종 범죄와 약탈, 자살과 폭동이 끊이지 않았다.

1922년, 인플레이션은 통제불능한 상태까지 물가가 오르는 하이퍼인플레이션hyper inflation으로 바뀌었다. 과도한 통화공급으로 부채와 재정적자도 지속 불가능한 수준에 도달했다. 반면 미국 달러의 가치는 독일 내에서 거스름돈을 내줄 수 없을 정도로 치솟아 1달러가 4조2000억 마르크에 이르렀다. 마르크화에 대한 신뢰가 사라진 독일은 대혼란에 빠졌다. 그나마 양심적인 식당은 음식값을 선불로 받았는데, 식사가 끝나면 가격이 올라 있었기 때문이었다. 지폐의 액면가치가 아닌 무게를 달아 값을 치르고, 지폐를 담뱃불로 쓸 만큼 돈이 흔해지자 독일의 중앙은행 라이히스방

크는 잉크를 아끼려고 한쪽 면만 인쇄한 마르크화를 유통시켰다.

1923년 11월 독일 정부는 하이퍼인플레이션을 저지하고자 대체 통화인 렌텐마르크를 발행했다. 당시 1렌텐마르크는 1조 마르크에 값했다. 그러나 렌텐마르크로도 폭등하는 물가를 막지 못하자 곧이어 더 높은 단위의 라이히스마르크를 발행했다. 지난 화폐는 모두 폐기처분되었다.

참 좋은 시절로의 회귀

독일의 사태에 놀란 연합국은 배상금 액수를 줄여주는 한편, 종이돈의 안정성을 제고하는 새로운 방법을 찾으려 했다. 이에 1922년 4월 10일 미국, 영국, 프랑스 등 세계 34개국은 이탈리아 제노바에 모여 종이돈의 가치를 금에 묶어놓는 금본위제 복귀를 논의하게 된다.

국제금융에서 금본위제의 장점은 단순하다는 것이다. 금본위제를 택한 나라는 자국의 종이돈 가치에 상당하는 금의 양을 발표하기만 하면(순금 1온스당 300파운드), 즉시 그 가격으로 다른 나라의 금을 원하는 대로 사고팔 수 있었다.

또한 금의 표준 중량에 기반을 둔 두 나라의 통화가 동시에 서로의 통화에 기반을 두는 형식을 취하기 때문에 매우 안정적이고, 금 채굴량 변화와 같은 외부 충격에도 유연하게 대처할 수 있다.

이러한 수요공급의 역학은 국가 간 무역에도 작용한다. 어떤 국가가 생산과 수출에 따르는 여러 조건을 개선해 무역수지 흑자를 이루면, 다른 국가에서는 무역수지 적자가 발생한다. 적자 국가는 흑자 국가에 금을 지불하고, 두 나라 간 금의 양에 변화가 일면서 물가가 흔들린다. 금이 많아진 흑자 국가는 인플레이션이 오는 반면, 적자 국가는 금의 양이 줄어 디플레이션이 생긴다. 그리고 인플레이션과 디플레이션이 두 나라의 무역 조건을 뒤바꾸면서 금은 결국 제자리로 돌아온다. 이것이 영국 철학자 데이비드 흄이 주장한 '가격-정화 흐름 메커니즘price-specie flow mechanism'이다.

서구 국가들은 평화로웠던 과거를 그리며 금본위제 재도입을 추진했지만 세상이 이미 변해 있었다. 전쟁물자 구입을 위해 금의 40퍼센트가 미국으로 유입되었다. 국제무역의 중심지가 영국에서 미국으로 옮겨갔고, 세계 교역량의 규모가 급속히 늘면서 금의 공급량도 달리는 상황이었다. 전쟁 기간 유럽 국가들이 국부가 유출되는 일을 막는 바람에 금화와 금괴도 이전처럼 자유로이 오가지 못했다. 이에 따라 1922년 5월 19일 제노바회의는 각국의 중앙은행이 금과 다른 국가의 통화를 함께 보유하도록 하는 금환본위제를 채택하기로 합의했다.

세계경제를 위협한 천덕꾸러기

금환본위제의 약점은 곧 드러났다. 종전 후 1924~1929년은 세계 각국이 경제성장을 하면서 통화와 신용에 대한 요구가 강력했던 시기였다. 세계경제가 점점 더 많은 돈을 필요로 하면서 국제적 준비금도 함께 늘어야 했지만, 통화용 금은 서서히 증가한 반면, 사용되는 화폐량은 빠르게 불었다. 문제는 그 자체로 온전히 자산인 금과 달리 화폐(종이돈)는 보유자에게는 자산이지만 은행에는 부채라는 점이다. 결국 각국의 중앙은행들은 제한된 금의 기반 위에 '준비금'이라는 명목으로 피라미드처럼 채무를 쌓아 올렸다.

금환본위제는 성문화되지 않은 '게임의 법칙'에 따라 움직이는 제도였다. 이를테면 프랑스가 교역 대금으로 받은 파운드화를 영국이 화폐 공급을 유지하도록 영국 은행에 돈을 재예치하는 한, 금환본위제는 문제없이 운영된다. 그러나 프랑스가 갑자기 영국에서 예금을 빼가면서 중앙은행에 금을 내놓으라고 하면 영국의 화폐 공급은 급격히 위축된다. 금본위제에서 이것은 그리 대수로운 일이 아니지만 변화에 취약한 금환본위제에서는 쉽게 공황으로 연결될 수 있다. 이런 사태를 막으려면 수출이 잘 돼 돈을 많이 번 나라는 '알아서' 금리를 올리고 경기를 수축시켜서 적자 나라에 돈이 돌아가도록 해야 한다.

처음 얼마간 국가들은 얌전히 규칙을 따랐다. 그러나 1923년 전쟁 전 금값에 환율을 맞추면서 자국 통화를 평가절하 했던 프랑스가 (주로 영국에 대해) 무역수지 흑자를 기록하고 나서도 국내 정치상황을 이유로 금리인하를 거부했다. 그 결과 지난날의 명성을 지키느라 환율을 전쟁 이전 수준으로 높여 금환본위제에 복귀했던 영국이 큰 타격을 입었다. 영국 정부는 고환율을 지탱하기 위해 긴축재정에 들어갈 수밖에 없었다. 그 바람에 수출은 격감했고, 공장들이 줄줄이 문을 닫았으며, 수백만 명이 일자리를 잃었다. 독일, 이탈리아, 오스트리아 등 전쟁 채무국은 빚이 감당 못할 정도로 불었고, 민생은 파탄으로 치달았다.

유럽의 경제위기는 1929년 10월, 미국의 대공황과 함께 폭발했다. 공황은 미국의 경제수준을 20년 이상 후퇴시킨 후 다시금 유럽으로 향하여, 공업과 농업을 파괴하고 수많은 은행을 도산시켰다. 각국은 뒤늦게 환율인하, 수출보조, 수입억제 등 자국의 어려움을 이웃나라로 전가하는 '근린 궁핍화정책beggar-my-neighbor policy'을 펼쳤지만 상황은 이미 걷잡을 수 없었다.

독일에서 시작된 1차통화전쟁은 1931년 영국이 금환본위제 정지를 선언하고, 미국이 은행휴업령과 함께 시중에 유통되는 금을 압수하는 등 강력한 조치를 단행하고 나서야 진정 국면에 접어들었다. 1933년 미국은 금환본위제 카르텔을 탈퇴했다.

참고문헌

『대공황 시대』, 양동휴 저, 살림, 2009

『커런시 워』, 제임스 리카즈 저, 신승미 역, 더난출판, 2012

03

원과 달러

빵의 가격이 오르고 내리듯이
오르고 내리는
1달러의 가격

서로 다른 화폐를 사용하는
나라들

돈을 빌려주고
빌리고

재화와 서비스를
수출하고 수입할 때
어떤 화폐를 사용할까?

국가 간 결제나 금융거래에서
기본이 되는 화폐
기축통화

현재의 기축통화

달러 dollar

인쇄기로 직접 달러를 찍는 미국

그렇다면 미국을 제외한 나라들은?

"필요한 달러를 사야 한다."

그래서 매겨지는 달러의 가격
그래서 매겨지는 1달러의 가격

한국에서 매겨지는 '1달러의 가격'
원달러 환율

환율이 오른다는 것
환율이 내린다는 것

1230원 ⇧
1달러: 1000원(기준)
920원 ⇩

달러를 주고 사는
물건의 가격도 오르고 내린다는 것

환율에 따라 달라지는
수출 기업들의 이익

수출 기업에 유리한
'높은' 환율

환율에 따라 달라지는
원유, 곡물, 원자재의 수입 가격

환율이 오르면
원유, 곡물, 원자재의 수입 가격이 오르고
필연적으로 함께 오르는 생필품의 가격

물가에 유리한
'낮은' 환율

수출과 물가에 정반대의 영향을 미치는
1달러의 가격

한국 경제의 무역의존도
G20국가 중 1위
– 2011년 통계 기준

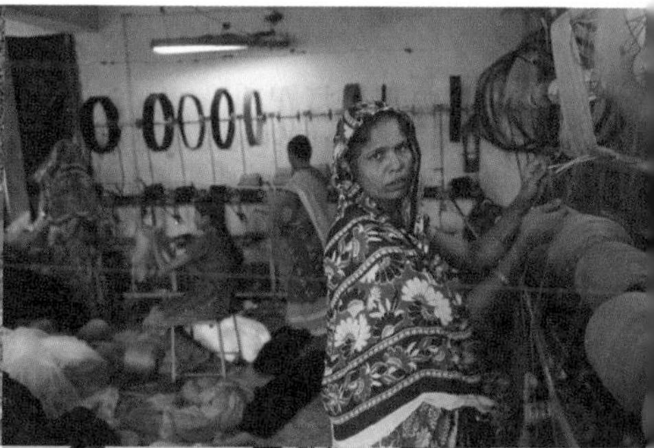

원과 달러

달러는 곧 금이다

2차세계대전 종전을 앞두고 미국과 영국 등 연합국 44개국은, 베르사유조약과 같은 실수를 되풀이하지 않기 위해 1944년 미국 뉴햄프셔주 브레튼우즈에서 통화금융회의를 열고 '브레튼우즈 체제Bretton Woods system'를 출범시켰다.

새로운 금융체제의 핵심은 국제통화와 금융의 안정성을 확보하고, 자유무역을 확대하는 것이었다. 이를 위해 연합국은 두 차례의 세계대전으로 피폐해진 유럽에 비해 압도적으로 많은 금을 보유한 미국 달러에 모든 통화를 고정시키고, 미국은 다시 이를 금에 고정하기로 합의했다(순금 1온스당 35달러). 당시 전쟁의 최대 수혜국인 미국은 전 세계 금의 70퍼센트를 보유하고 있었다. 때문에 연합국은 금 대신 달러를 갖고 있다가 필요한 때에 미국에서 금과 맞바꾸면 되는 일이었다. 연합국은 달러에 대한 각국의 환율이 일단 정해지고 나면 다른 국가의 동의 없이는 바꿀 수 없도록 하는 고정환율제를 도입했다. 대공황시대에 벌어진 통화전쟁을 미연에 방지하기 위함이었다.

이로써 세계의 기축통화key currency가 파운드에서 달러로 이동했고, 세계경제는 미국 달러가 통용되는 단일 영토로 재편되었다.

브레튼우즈 체제의 딜레마

브레튼우즈 체제의 약점은 미국이 누리는 절대 지위였다. 체제 자체가 미국의 강력한 경제력과 군사력을 기반으로 한 만큼, 그 힘이 약해지는 순간 시스템은 붕괴될 터였다.

위기는 1960년대에 시작되었다. 1964년 선거에서 대승을 거두며 재선에 성공한 민주당 린든 존슨 대통령은 빈곤 타파를 목표로 한 '위대한 사회Great Society' 정책을 선언했다. 1965년에는 베트남에 대규모 병력을 파견하기로 결정했다. 막대한 사회정책 비용과 전쟁 비용을 지불하면서 미국은 2차세계대전 이후 호황을 가져온 여러 가지 경제정책을 포기하게 되었다. 이 와중에 무역적자 규모는 날로 커졌고, 인플레이션도 가중되었다. 1965년 1.9퍼센트였던 인플레이션은 이듬해 3.5퍼센트로 늘었고, 이후 20년 동안 통제불능으로 치달았다.

문제는 미국이 적자 규모를 상쇄할 만큼의 금을 구비하지 못했다는 것이었다. 1965년 2월, 프랑스 샤를 드골 대통령이 가장 먼저 준비금 1억5000만 달러를 태환하며(지폐를 금으로 바꾸며) 미국의 지위에 의구심을 표했다. 뒤이어 스페인도 준비금 6000만 달러를 금으로 바꾸었다. 이렇게 달러와 미국의 영향력이 흔들리자 투기꾼들이 런던 금시장으로 몰려들었고 금값이 뛰기 시작했다.

'트리핀 딜레마Triffin dilemma'는 당시 미국이 처한 상황을 설명한

이론이다. 벨기에 경제학자 로베르 트리핀은 브레튼우즈 체제에는 구조적으로 모순이 내재해 있다고 지적했다. 세계 기축통화인 달러가 제 역할을 하려면 국제교역에 필요한 만큼 달러를 무한공급하거나 대외거래에서 적자를 일으켜야 한다. 하지만 미국의 재정적자 상태가 오래되면 부족한 금 보유량으로 인해 달러화의 신용가치는 흔들릴 수밖에 없다. 반대로 미국이 장기간 무역수지 흑자 상태를 지속한다면 달러화 가치는 안정되겠지만 유통되는 달러량이 줄면서 세계경제는 나빠질 것이다.

모순에 빠져 이러지도 저러지도 못하던 미국은 마침내 달러를 방어하기로 결심했다. 1971년 8월 15일, 리처드 닉슨 대통령은 금태환을 중지하고 미국에 수입되는 모든 제품에 10퍼센트 관세를 부과하겠다고 선언했다.

기축통화 구하기 대작전

닉슨의 '금태환 중지령'으로 인해 전 세계 교역시장에 커다란 혼란이 벌어졌다. 이에 선진 10개국(G10)은 1971년 12월 18일 워싱턴 스미스소니언 박물관에서 긴급히 국제통화조정 협정을 가졌다. 이 자리에서 G10은 브레튼우즈 체제는 유지하되 미국의 부담은 덜어주는 '스미스소니언 체제'를 출범하기로 결의했다. 이에 따라 순금 1온스 가격이 종전 35달러에서 38달러로 상향조정되었고, 각 나라 환율도 재조정되었다. 하지만 이러한 노력에도 불구하고 미국의 무역수지 적자는 계속 늘어갔다.

미국의 경제력을 유지하면서 환율을 붙잡아두려는 시도가 모두 실패하자 결국 1973년 자메이카 킹스턴에서 열린 IMF회의에서 브레튼우즈 체제는 폐지되었다. 이로써 국제금융에서 금의 역할이 공식적으로 끝나고, 달러화 중심의 고정환율제도 퇴장했다. 정부나 시장이 원하는 수준으로 통화가치를 정하는 변동환율제, 이른바 '킹스턴 체제'가 시작된 것이다. 그럼에도 미국 경제는 쉽게 회복되지 않았다. 미국은 1973~1981년까지 세 차례나 경기후퇴를 겪었다. 그 사이 달러 가치는 총 50퍼센트 하락하고, 두 차례의 석유파동과 함께 유가는 네 배가 올랐다. 불황과 물가상승이 동시에 발생하는 스태그플레이션stagflation에 미국 경제는 최악의 상황으로 내몰렸다.

1981년 대통령에 취임한 로널드 레이건은 이 난국을 수습하고자 안으로는 각종 세금을 감면하고 규제를 철폐하는 레이거노믹스를, 밖으로는 달러 강세 정책을 펼쳤다. 덕분에 재임 3년간 미국 국내총생산은 급성장했으나 무역적자 및 실업률은 여전히 높은 수준에서 요지부동이었다. 이에 레이건 정부는 대미무역 흑자를 기록하고 있던 독일과 일본에게 마르크화와 엔화 가치를 올리라고 압박했다. 두 나라와의 무역적자를 반전시키려는 속셈이었다. 1985년 9월 21일 뉴욕 플라자호텔에서 미국은 독일, 일본, 영국, 프랑스 등을 종용해 안정적인 달러 평가절하를 골자로 한 '플라자협정'을 통과시켰다.

이를 계기로 달러 가치가 빠르게 하락하자, 플라자협정국에 캐나다, 이탈리아를 더한 G7은 1987년 2월 파리 '루브르협정'을 통해 더 낮은 수준으로 달러 가치를 안정화하는 데 합의했다. 20여 년간의 2차통화전쟁은 이렇게 일단락되었다.

참고문헌

『글로벌라이징 캐피털』, 배리 아이켄그린 저, 강명세 역, 미지북스, 2010
『커런시 워』, 제임스 리카즈 저, 신승미 역, 더난출판, 2012

04

돈의 홍수

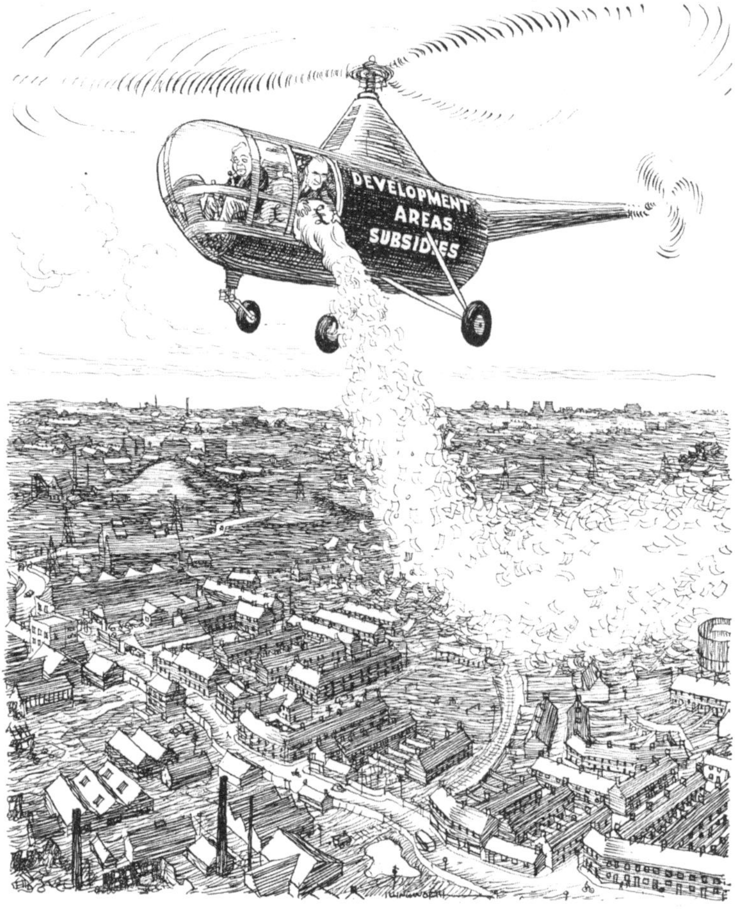

"중앙은행 윤전기를 쌩쌩 돌려
무제한으로 엔화를 공급할 것."

– 아베 신조

"중앙은행이
헬리콥터에서 달러를 뿌리듯
대규모 통화완화 정책을 단행하면
디플레이션을 막을 수 있다."

– 벤 버냉키

일본의 장기적인 경기 침체
'잃어버린 10년'

시중에 돈이 돌게 하려면?

가계와 기업이
대출을 해서
그 돈을 소비와 투자에 쓰도록 유도하는
저금리 정책

하지만 이자율을 0퍼센트까지 낮춰도
꼼짝하지 않는
대출
소비
투자
경기

시중에 돈이 돌게 하려면?

돈을 찍어내서라도
돈을 풀자!

2001년
일본에서 최초로 실시한 경제정책

경기부양을 위해 중앙은행이
시중에 직접 돈을 푸는 정책
양적완화

2008년 미국
양적완화를 선택

1차 양적완화로 풀린 돈의 양
4조 달러

2012년부터 지금까지 단행된 양적완화
이로 인한 달러 무제한 방출

2012년 일본
또다시 양적완화 선언

달러와 엔화의 홍수가 불러온 것들

불안정한 환율
반복되는 주식시장의 폭등과 폭락
원유, 곡물 등 원자재 가격 상승

미국의 2차 양적완화 실시 예고 후 몇 주 만에
대두 23퍼센트
오일 30퍼센트
구리 39퍼센트
밀 97퍼센트 가격 폭등

달러가 흔해지고
달러의 가격이 떨어지면
손해를 보는 달러 보유국들

"양적완화 정책은 많은 나라의 경제에
큰 영향을 미칠 것이기 때문에
중국을 비롯한 전 세계가 우려 속에
주목하고 있다."

– 중국 외교부 부부장, 2010년 미국의 2차 양적완화 조치 이후

"이웃나라 거지 만들기가 아니라
이웃나라 보강하기다.
미국과 일본을 비롯한 선진국의 양적완화는
전 세계 경제에 큰 도움이 될 것이다."

– 벤 버냉키, 2012년 무제한 양적완화를 발표하며

돈의 홍수

후유증

2001년 일본에서 처음 시행된 양적완화quantitative easing는 정책금리가 제로에 가까운 초저금리 상태에서 중앙은행이 경기를 부양하려고 시중에 유동성(돈)을 푸는 통화정책이다. 주로 정부 국채나 여러 금융자산을 매입해 시장에 화폐를 공급하며, 자국의 통화가치를 낮춰 수출 경쟁력을 높이는 것을 목적으로 한다.

1985년 1달러당 238엔이던 환율은 1988년 플라자협정 이후 128엔으로 치솟았다. 2년 만에 엔화 가치가 두 배 가까이 평가절상된 일본은 수출 경쟁력을 상실했고 경제정책의 중심축을 내수로 옮길 수밖에 없었다. 1987년 일본 중앙은행은 경기침체의 우려와 내수경기 뒷받침을 위해 대규모 금융완화 조치를 취했다. 1985년 5.0퍼센트이던 정책금리는 2년 만에 절반인 2.5퍼센트로 떨어졌다. 수출 외에 돈 벌 길을 찾던 기업들은 힘들이지 않고 수익을 올릴 수 있는 방법을 마다하지 않았고, 싼 이자로 대출을 받아 사업 규모를 키우고 재테크에 매진하기 시작했다. 그 결과 주식과 땅값이 오르고 기업의 담보 가치와 차입 여력이 확대되었으며, 이것이 다시 자산 가격을 높여 부동산 거품을 만들었다. 부동산이 돈이 된다는 속설은 연일 투자자를 끌어모았다. 매매차익으로 돈을 벌었다는 사람이 늘면서 주식이나 채권을 마구 팔아버리는 투매 현상도 심화되었다. 부동산 열풍이 절정에 달했을 때 “도쿄의 땅을 다 팔면 미국을 살 수 있다”는 말이 나돌 정도였다.

하지만 장밋빛 미래는 하루아침에 암울한 현실이 되었다. 1990년 5년간 지속되었던 '버블'이 붕괴되자 주가가 곤두박질쳤다. 부풀려졌던 부동산 가치는 담보 가격 아래로 폭락했다. 이미 투자된 과잉 설비는 기업을 도산시켰고 이것이 불량채권으로 돌아와 은행들을 무너트렸다. 실업이 늘고 소득이 줄자 소비가 침체하고 생산과 고용이 감소했다. 여기에 노동인구 감소와 저출산이 겹치면서 1998년 GDP는 전년대비 마이너스 0.6퍼센트 성장으로 돌아섰다. 경기침체의 악순환이 한때 세계경제 2위의 일본을 디플레이션에 빠뜨리고 만 것이다. 적극적이고 선제적인 구조조정이 필요한 상황에서 일본의 집권보수 세력은 수동적인 수습책으로 일관했다. 이후 시도된 20차례 경기부양책은 실패했고, 세계 최고 수준의 국가채무만을 남겼다. 2001년 집권한 고이즈미 준이치로 총리는 양적완화 정책으로 불황을 떨치려 했으나, 2008년 미국발 금융위기와 2011년 대지진 여파로 결국 '잃어버린 20년'을 맞았다.

통화전쟁 재장전

2012년, “경기회복 이 길밖에 없습니다”라는 슬로건으로 총선을 승리로 이끌며 총리에 취임한 자민당 아베 신조는 경기침체를 극복할 수 있는 마지막 카드로 대규모 양적완화를 주요 내용으로 하는 아베노믹스Abenomics를 주창했다.

세계는 아베의 정책에 대해 반신반의하였다. 양적완화는 수출기업의 수익을 증대시키지만, 반대로 수입품과 원자재의 가격상승을 불러일으켜 중소기업과 노동자들의 생활을 더욱 어렵게 할 위험이 있다. 또한 장기적으로 과도한 국가부채를 발생시켜 미래에 엄청난 재정부담을 안기게 된다. 이러한 우려에도 불구하고 아베노믹스는 추진 2년 만에 가시적인 지표의 변화를 끌어냈다. 일본 기업들의 해외사업 수익이 50퍼센트 증가했고, 이러한 수출기업들의 성과에 힘입어 2012년 8500이던 닛케이 주가는 2015년 4월 20000을 돌파했다. 2008년 글로벌 금융위기 이후 4600억 엔(약 4조2000억 원) 규모의 적자를 냈던 도요타는 2015회계연도(2014년 4월~2015년 3월)에서 2조7502억 엔이라는 사상 최대 실적을 거뒀다. 영업이익률은 무려 10.1퍼센트다. 수십 년간 정체됐던 일본의 GDP는 2015년 1분기 2.4퍼센트 증가했으며, 이것은 노동자의 임금인상과 취업률 상승으로 이어졌다.

미국의 양적완화는 2008년 금융위기 이후 시작되었다. 2009년 3월과 2010년 11월 두 차례에 걸친 대규모 양적완화에도 불구하고 미국의 실물경기가 회복되지 않자 오바마 정부는 2012년 9월 13일, 연방준비제도이사회가 다달이 400억 달러의 주택저당증권을 사들이고, 0퍼센트 수준의 기준금리를 2015년 중반까지 유지한다는 3차 양적완화를 발표하면서 통화전쟁에 뛰어들었다. 이 같은 특단의 조치는 어느 정도 성공을 거두어, 2008년 이후 내내 마이너스를 기록하던 미국의 경제성장률은 2014년 상반기 4.6퍼센트까지 회복되었다.

남의 주머니 털어 내 주머니 채우기

각국이 통화정책을 펼치는 동기는 언제나 실업률 상승, 성장률 감소, 국가재정 악화 등 국내경제의 어려움과 관련된다. 생활이 어려워진 소비자들은 미래에 대한 불안으로 지갑을 열지 않는다. 기업은 소비자가 제품을 지금 당장 혹은 가까운 미래에 살 거라고 확신하지 않는 한 투자를 늘리지 않는다. 이렇게 되면 대개의 경우 정부가 지출을 늘려 유효소비를 촉진하기 마련이지만, 불경기가 오래되다보니 정부의 재정적자는 이미 불어날 대로 불어 있고, 그렇다고 세금이나 대출을 늘려 재정을 확보하자니 허리띠를 있는 대로 졸라맨 유권자들 눈치가 보인다. 이런 상황에서 남은 길은 단 하나, 순수출을 증가시키는 것뿐인데 그러려면 자국의 통화가치를 떨어트리는 일이 가장 쉽고 빠르다.

문제는 일본이나 미국 같은 선진국 간의 통화전쟁의 부작용이 언제나 국제적으로 전개된다는 데에 있다. 오늘날 전 지구화된 산업구조 안에서 하나의 상품은 여러 국가에서 제조된다. 이런 상황에서 달러 가치가 하락하면 원자재 값은 상승하게 되고, 제조업 국가들은 결국 비싼 값에 재료를 사들여야 한다. 결국 해당 국가는 제조업 시장을 잃고 공장 폐쇄와 해고, 파산, 경기후퇴 등 어려움을 겪을 수 있다. 선진국들이 양적완화로 챙기는 이익이 사실상 다른 나라가 쌓아놓은 돈을 빼앗는 것과 다르지 않다고 보는 이유다. 결과적으로 양적완화는 교역 상대국의 경제적 어려움을 야기하고, 이로 인해 또다시 수출이 줄어드는 경제의 악순환을 불러온다.

중국이나 한국 같은 신흥국에서는 '붐-버스트 사이클boom-bust cycle'이 일어날 수도 있다. 제로금리에 가까운 선진국의 통화는 자본 이득을 좇아 상대적으로 금리가 높은 신흥국 자산 시장으로 유입된다. 이로 인해 신흥국에서는 갑자기 통화량이 팽창하며 일시적인 경기호황을 누리게 된다. 하지만 물가가 상승하고 자산거품이 인플레이션으로 이어지게 되면 외국인 투자자들은 그 나라의 경제 건전성에 의문을 품고 자본을 거둬들인다. 이것이 붐–버스트 사이클이 말하는 경제위기다. 실제로 2010년 미국이 양적완화를 선언한 후, 고수익을 노리는 핫머니가 달러에 대해 고정환율을 고수하는 중국으로 대거 흘러들어가 위안화 절상 효과와 인플레이션을 일으킨 바 있다.

"돈 풀기를 멈추고 실물 부문을 바로잡아라."

국제 금융시장에서 미국처럼 기축통화 지위를 누리는 것도 아니고, 일본처럼 영향력을 행사할 수도 없는 신흥국이 선진국들의 양적완화에 대응할 길은 많지 않다. 일본과 미국의 양적완화도 실상 실물 부문을 내버려둔 채 돈을 풀어 환율을 조정하는 것에 불과하다. 주요 각국을 비롯한 세계 여러 나라들이 돈 풀기를 멈추고 실물 부문을 바로잡지 않는 한 불황과 디플레이션에서 탈출할 방법은 없다.

불황은 소비재가 아니라 자본재에서 시작되며, 불황을 멈추는 길은 시장이 넘쳐나는 자본을 스스로 정리할 때까지 기다리는 것이라고 주장하는 오스트리아학파에 동의하지 않는 다수의 전문가들도 저금리 정책이 매우 위험하다고 입을 모은다. 양적완화가 끝나면 미국은 기준금리를 올릴 텐데, 한국이 금리를 낮게 유지하면 한국에 투자한 외국인들이 대량으로 주식을 팔아 자본을 미국으로 이동시키면서 주가를 떨어뜨릴 위험이 있다. 투자자본이 대량 유출돼 금융위기가 발생할 가능성도 높아진다. 또한 변동금리 대출이 대부분인 한국은, 미국이 기준금리를 올리면 따라갈 수밖에 없기 때문에 서민들의 이자부담이 더욱 커진다. 이는 가계부채를 늘리고 서민 경제에 악영향을 끼쳐서 소비 위축으로 이어지게 된다.

물론 저금리 정책이 무역 여건을 강화하고 미국이 기준금리를 인상할 때의 충격을 최소화할 것이라는 시각도 있다. 그러나 지난 몇 년간 저금리 기조에도 외국 자본은 꾸준히 유입되었고, 금리를 내릴 때마다 달러 대비 원화 가치가 오르는 기현상이 계속된다는 점에서 이 주장은 설득력이 떨어진다. 2015년 6월 5일 한국은행은 기준금리를 종전 1.75퍼센트에서 역대 최저인 1.5퍼센트로 낮추었다.

2014년 10월 29일 양적완화 종료를 선언한 오바마 정부는 2015년 6월 18일, 올 하반기에 기준금리를 올리겠다고 예고했다. 풀었던 돈을 거두어 달러가 다시금 강세를 띠면 미국 기업의 수출과 이윤은 떨어지고 가뜩이나 침체에 빠진 세계경제가 더 위축될 거라는 우려도 있었으나, 미국 경제가 인플레이션 위험에 노출되기 전에 한 발짝 빠른 조치를 취해야 한다고 판단한 것이다.

전 세계 금융시장이 출렁인 이날 아침 금융위원회, 한국은행, 금융감독원 등과 함께 거시경제금융회의를 긴급 주재한 기획재정부는 "미국이 기준금리를 인상함으로써 국제 금융시장 여건이 급변할 수 있지만, 우리나라는 시장 불안이 발생해도 큰 영향이 없을 것"이라고 입장을 밝혔다. 그러나 예측과 달리 지난 8월 외국인투자자들은 약 5조 원의 주식과 채권을 매도했다. 2011년 8월 5조 8000억 원 이후 최대 규모다. 그 여파로 주식시장의 코스피 지수는 2015년 4월 2150을 넘긴 후 4개월 만에 1900선 아래로 무너졌다. 금융감독원 관계자는 "대외 악재가 겹치면서 안전자산 선호현상이 뚜렷해진 결과"라면서 "당분간 외국인투자자들의 '셀sell 코리아'가 지속될 것"이라고 전망했다.

2015년 10월 23일 중국은 경제성장률을 촉진하기 위해 1년 만에 여섯번째로 기준금리를 인하했다. 중국인민은행은 24일부터 1년 만기 예금금리와 1년 만기 대출금리를 각각 0.25퍼센트포인트 내렸다. 이로써 중국은 1년 새 기준금리를 27퍼센트나 내린 셈이다. 2015년 3분기 중국 경제성장률이 세계 수요 약세와 건설 및 중공업 의존율 축소에 따라 6년 만에 최저치인 6.9퍼센트를 기록한 가운데 중국인민은행은 "중국 경제성장에 대한 하향 압박이 여전히 존재한다"며 "경제 구조조정을 강화하고 우호적인 통화 및 금융 환경을 조성하기 위해 통화정책 도구를 계속해서 이용할 필요가 있다"고 밝혔다.

중국의 경제성장률 둔화, 일본의 수출 급락, 유럽의 물가전망치 하향 등 세계경제의 불안요인은 미국 경제에 불확실성을 높이고 있다. 이로 인해 2015년 9월로 예상되었던 미국 연방준비제도이사회(이하 연준)의 금리 인상은 연기되었으며, 당시 발표된 미국의 경제지표 역시 혼조 양상을 띠었던 까닭에 연준이 금리 인상에 나서기는 쉽지 않을 것이라는 전망이 우세했다.

그러나 2015년 12월 16일, 연준은 연방기금 금리를 0.25퍼센트 올린다고 발표했다. 이로써 7년 만에 제로금리의 시대가 막을 내렸다. 재닛 옐런 의장은 추가 금리 인상에 대한 시장의 질문에 "경제 전망에 따라 향후 점진적으로 기준금리를 올릴 계획"이라고 대답했다. 연준은 금리 인상의 이유로서 고용과 물가의 두 가지 조건이 충족되었다는 점을 들고 있다. 고용환경이 많이 개선되었고 연 2퍼센트의 물가상승 목표 역시 목표에 근접할 것으로 보고 있다는 것이다. 2008년의 금융위기 이후 경기대책으로 도입된 제로금리와 양적완화라는 통화확대 정책을 정상화하는 것으로도 볼 수 있다.

한편 이주열 한국은행 총재는 "미국의 금리 인상이 곧바로 한국은행의 금리 인상으로 연결되는 것은 아니다"라고 언급했다. 그러나 전문가들 사이에서는 미국의 기준금리 인상 소식에 높은 이자를 따라 자금이 유출될 것을 우려한 신흥국들을 중심으로 금리가 인상되고 있는 가운데, 한국은행 역시 2016년 하반기부터는 금리 인상에 나설 수밖에 없을 것이라는 전망이 나오고 있다. 그럴 경우 현재 1200조 원에 육박하는 가계 대출의 이자 부담이 한국 경제를 위협하는 뇌관으로 작용할 것으로 우려된다.

그러나 미국의 금리 인상에 따라 한국이 기준금리를 인상해야 하느냐에 대해 근본적인 의문을 제기하는 시각도 있다. 금리 인상을 하고 있는 다른 신흥국들과 달리 한국은 지속적인 무역흑자를 보이고 있고, 안정적인 환율을 유지하고 있기 때문이다. 미국 금리 인상이 한국 경제에 재앙을 줄 것이라는 비관론이 지배하는 가운데, 미국발 금리 인상은 금융완화 정책을 실시하고 있는 유럽중앙은행을 비롯한 세계 각국의 저금리정책의 방향에도 영향을 줄 것으로 보인다.

참고문헌

『글로벌라이징 캐피털』, 배리 아이켄그린 저, 강명세 역, 미지북스, 2010
『커런시 워』, 제임스 리카즈 저, 신승미 역, 더난출판, 2012
"아베노믹스와 환율전쟁, 한국경제에 대한 시사점", 『주간하나금융포커스』 제3권 24호, 한재준, 2013
"불황과 디플레이션에 대한 인식 오류", 김영용, 한국경제신문, 2015.3.17.

05

고통을 재는 방법

"최근 일주일 사이 수입을 얻기 위해
1시간 넘게 일한 적이 있습니까?"

"지난 한 달 동안
일자리를 찾아본 적이 있습니까?"

"지금 국민들이 느끼는
경제적 고통은 어느 정도일까?"

1970년대
미국의 경제학자 아서 오쿤이 고안한
경제고통지수Misery Index

경제고통지수가 높다는 것은
국민들이 느끼는 고통도 크다는 것

	Country	Misery Index	Major Contributing Factor
	VENEZUELA	79.4	Consumer Prices
	IRAN	61.6	Consumer Prices
	SERBIA	44.8	Unemployment
	ARGENTINA	43.1	Consumer Prices
	JAMAICA	42.3	Interest Rate
	EGYPT	38.1	Unemployment
	SPAIN	37.6	Unemployment
	SOUTH AFRICA	37.4	Unemployment
	BRAZIL	37.3	Interest Rate
	GREECE	36.4	Unemployment
	MACEDONIA	35.7	Unemployment
	PALESTINIAN TERRITORY	32.9	Unemployment
	TURKEY	32.7	Interest Rate
	CYPRUS	30.7	Unemployment
	CROATIA	30.5	Unemployment
	DOMINICAN REPUBLIC	29.8	Unemployment
	TUNISIA	29.5	Unemployment
	GEORGIA	27.7	Unemployment
	NICARAGUA	27.0	Interest Rate
	HONDURAS	26.8	Interest Rate
	COSTA RICA	25.6	Interest Rate
	INDIA	25.6	Interest Rate
	JORDAN	25.3	Unemployment
	UKRAINE	24.4	Interest Rate
	PERU	23.9	Interest Rate
	URUGUAY	23.8	Interest Rate
	PORTUGAL	23.5	Unemployment
	BARBADOS	22.9	Unemployment
	PAKISTAN	21.9	Interest Rate
	INDONESIA	21.6	Interest Rate
	BANGLADESH	20.8	Interest Rate
	SLOVENIA	20.8	Unemployment
33	BOLIVIA	20.2	Interest Rate
34	ITALY	20.1	Unemployment
35	AZERBAIJAN	20.0	Interest Rate
36	RUSSIAN FEDERATION	19.9	Interest Rate
37	POLAND	19.8	Unemployment
38	COLOMBIA	19.6	Interest Rate
39	PARAGUAY	19.1	Interest Rate
40	SAUDI ARABIA	18.9	Unemployment

Rank (Worst to Best)	Country	Misery Index	Major Con… Fac…
46	ALGERIA	16.8	Unempl
47	MOLDOVA	16.7	Interes
48	SLOVAKIA	16.5	Unemp
49	ICELAND	16.3	Intere
50	CZECH REPUBLIC	15.0	Unemp
51	SRI LANKA	15.0	Intere
52	CHILE	14.6	Intere
53	HUNGARY	14.3	Unem
54	VIETNAM	14.0	Inter
55	FINLAND	13.9	Unem
56	FRANCE	13.9	Unem
57	ESTONIA	13.8	Unen
58	MOROCCO	13.3	Uner
59	AUSTRALIA	13.3	Inte
60	LITHUANIA	13.0	Une
61	MEXICO	12.9	Une
62	UNITED KINGDOM	12.9	Une
63	BELGIUM	12.9	Une
64	ECUADOR	12.7	Int
65	EL SALVADOR	12.4	Une
66	ROMANIA	12.2	In
67	PHILIPPINES	11.7	Un
68	KAZAKHSTAN	11.7	Ir
69	NETHERLANDS	11.5	Ur
70	NEW ZEALAND	11.4	U
71	UNITED STATES	11.0	U
72	ISRAEL	11.0	U
73	SWEDEN	10.5	U
74	CANADA	10.5	U
75	LATVIA	10.3	L
76	HONG KONG	10.1	
77	DENMARK	9.88	
78	GERMANY	9.08	
79	AUSTRIA	9.03	
80	NORWAY	8.75	
81	PANAMA	8.24	
82	CHINA	7.90	F
83	MALAYSIA	7.88	
84	QATAR	7.39	
85	THAILAND	6.83	
86	**KOREA, REP. OF**	6.77	
87	SINGAPORE	6.38	
	TAIWAN	6.13	

국민들이 느끼는 고통을
측정하기 위해 필요한 경제지표

1인당 국민소득도
국내총생산도
경제성장률도 아닌

생활과 밀접한
물가상승률과 실업률

경제고통지수 = 물가상승률+실업률

경제적 고통을 줄이기 위한
전제 조건

고통의 정도를 정확하게 파악하는 것

그러나

소비자물가지수를 구할 때
기준이 되는 481개의 품목들

“다른 품목들의 가격이 올라도
해당 품목의 가격이 오르지 않으면
물가상승률에 반영되지 않는다.”

실제보다 더 낮게 측정될 수도 있는
물가상승률

“실업률 1퍼센트 상승으로 인한 고통은
물가가 1.7퍼센트 상승하는 고통에 해당한다.”
– 〈아메리칸 이코노믹 리뷰〉(2001)

물가보다 더 많은 영향을 미치는
실업률

“최근 일주일 사이 수입을 얻기 위해
1시간 넘게 일한 적이 있습니까?”

“지난 한 달 동안
일자리를 찾아본 적이 있습니까?”

일주일에 1시간만 일해도
취업자

한 달간 구직활동을 쉬어야만
취업할 생각이 없는 사람으로 간주

까다로운 실업자의 요건

실제보다 더 낮게 측정될 수도 있는
실업률

고통을 재는 방법

피부로 느끼는 경제적 삶의 질

국민들이 피부로 느끼는 경제적 삶의 질을 수치로 나타낸 '경제고통지수'는 미국 기상청이 개발한 '불쾌지수'를 경제학적으로 차용한 것이다. 불쾌지수가 온도나 습도 등 기상요소들을 고려했다면, 고통지수는 물가상승률, 실업률, 실질GDP증가율 등 경제요소들을 고려 대상으로 삼는다. 만약 어떤 나라의 물가상승률이 15퍼센트이고 실업률이 5퍼센트면 그 나라 국민의 고통지수는 20이며, 수치가 높을수록 살기 어렵다는 뜻이 된다.

GDP와 더불어 한 나라의 경제 성과를 재는 척도로 널리 사용되는 경제고통지수는 1970년대 미국 경제학자 아서 오쿤이 고안했다. 오쿤은 1928년 11월 28일 미국 뉴저지주 저지시티에서 태어나 1949년 컬럼비아대학에서 경제학 박사학위를 받았고, 브루킹스연구소 상임연구원으로 일하며 거시경제 이론과 정책을 연구했다. 1964년부터는 미국의 주요 경제정책에 직접적인 영향력을 행사한 경제자문위원회 위원으로 활동했다.

당시 미국은 케네디·존슨 대통령의 주도 아래 '위대한 국가' '빈곤과의 전쟁'을 선포하고 대공황 이후 최대 규모의 복지정책을 구축하고 있었다. 포스트케인스주의자로서 국가 정책의 중요성을 강변했던 오쿤은 실업률 및 물가상승률과 GDP의 관계에 깊은 관심을 보였다. 꼼꼼한 실증연구 끝에 오쿤은 실질GDP가 2.2퍼

센트 오를 때마다 실업률은 1퍼센트씩 줄어든다는 '오쿤의 법칙'을 정리해냈다. 실업률과 물가상승률로 계산하는 경제고통지수도 더불어 개발했다. GDP가 한 나라의 경제규모를 측정하는 데는 유용하지만 국민들의 실제 삶을 보여주는 데는 한계가 있다는 비판과 함께, 경제고통지수는 국가의 경제정책을 좌우하는 중요한 지표로 자리매김했다.

물가상승률과 실업률을 내는 방식은 국가마다 조금씩 다르다. 한국의 경우 물가상승률은 소비자물가지수로 결정한다. 소비자물가지수는 소비자가 일상생활에 쓰기 위해 구입하는 재화와 서비스의 가격변동을 나타내는 것으로, 도시 가계가 소비하는 상품들의 가격변동을 측정한다. 전국 37개 도시 481개 재화와 서비스 가격을 조사하며(조사 지역과 품목은 5년마다 개편된다), 품목은 가계소비지출에서 차지하는 비중이 1만분의 1 이상이어야 한다는 기준에 따라 선별된다. 또한 선정된 품목 가운데 전체 소비지출에서 차지하는 비중이 큰 품목에 높은 가중치를 부여한다. 소비지출이 큰 상품에 낮은 가중치를 부과하면 소비자물가지수의 현실성이나 공정성이 떨어지기 때문이다. 한편 실업률은 전체 실업자 수를 15세 이상 경제활동인구 수로 나누어 집계한다.

지표와 현실의 간극

2013년 10월 경제협력개발기구(OECD)가 발표한 각 나라 실업률을 보면 이탈리아 12.5퍼센트, 프랑스 10.9퍼센트, 미국 7.3퍼센트, 한국은 3.1퍼센트로 나타났다. (실업률 3퍼센트는 마음만 먹으면 언제든 일자리를 구할 수 있는 완전고용상태에 해당한다. 하지만 2013년 고용률은 64.2퍼센트에 그쳤다.) 그해 소비자물가상승률은 1.3퍼센트였다. 지표로만 보자면 국민들은 넉넉한 일자리와 안정된 물가 덕분에 살림살이가 훨씬 좋아져야 했다. 그러나 실제로는 극심한 취업난과 실질임금 하락, 심각한 내수부진에 대한 보고가 연이었다.

2011년까지 크게 올랐던 소비자물가는 이후 최근까지 1퍼센트대를 유지하고 있으나 체감 소비자물가지수는 날로 악화되고 있다. 소금이나 간장 같은 생필품, 상하수도요금 같은 공공요금과 더불어 가계 생활비의 20퍼센트 이상을 차지하는 집세가 해마다 치솟고 있기 때문이다. 「2014년 주거실태조사보고서」를 보면 월소득 대비 임대료 비율은 2008년 21.4퍼센트에서 2014년 23.1퍼

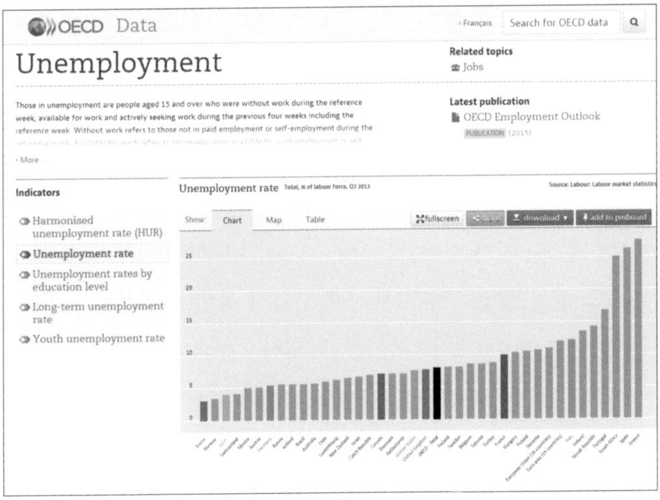

센트(중소득층 기준)로 높아졌으며, 저소득층일수록 비율과 상승 폭은 더 컸다(2008년 30퍼센트에서 2014년 34.1퍼센트).

그러나 전월세 등 주택임차료가 소비자물가에서 차지하는 가중치는 9.3퍼센트로 고정돼 있고, 이는 전체 조사대상 가운데 조사기간에 새로 계약된 전월세 임차료만 변동된 것으로 다룬다. 즉 전월세 값이 폭등해도 소비자물가지수는 아주 조금만 영향을 받는 것이다. (참고로 같은 기간 주택자가보유율은 중소득층은 59.4퍼센트에서 56.4퍼센트, 저소득층은 54.2퍼센트에서 50퍼센트로 떨어졌고, 은행 가계대출의 주택임차용 비중은 2퍼센트대에서 5~6퍼센트대로 늘었다. 고소득층의 주택자가보유율은 77.7퍼센트로 상승한 것으로 나타났다.)

2015년 발표된 「2010년 이후 서울시 생활물가동향」에 따르면, 서울의 생활물가지수는 2014년 기준 107.95로 지난 5년 동안 8퍼센트가량 상승했으며, 물가 불안 요인으로 전세 가격과 학원비, 식료품 등이 지목되었다. 생활물가지수는 식료품과 교육, 주거비 등 142개의 생활필수 품목에서 국민들이 체감하는 가격부담이 어떻게 변했는지를 보여주는 지표로, 소비자물가지수의 보조 역할을 담당한다.

실업률은 전체 실업자 수를 15세 이상 경제활동인구 수로 나눈 값이다. 규정상 실업자는 재화나 서비스의 생산과 같은 경제활동에 기여할 수 있는 경제활동인구 가운데 구직기간 4주 동안 적극적으로 일을 찾았으나 일자리를 구하지 못한 사람이다. 따라서 주부, 학생, 군 미필자, 고시생, 고령자, 장애인, 자선사업가, 취업준비생, 종교단체 활동가 등 비경제활동인구는 실업자가 될 수 없다.

구직기간 4주 동안 한 번이라도 구직활동을 한 사람 가운데 수입을 목적으로 한 시간 이상 일한 사람(학교 다니는 짬짬이 하루 서너 시간씩 아버지가 운영하는 치킨 집에서 일손을 거드는 대학생처럼), 18시간 이상 일한 무급종사자, 실업상태이지만 조사원에게 "잠시 쉬는 중"이라고 응답한 임시 휴직자도 실업자가 아니다. 결국 2013년 기준 취업준비생 60만 명과 구직활동을 쉬고 있는 87만 명, 취업을 포기한 구직단념자 37만 명은 통계에 잡히지 않는다.

연령별, 고용형태별 특수성도 반영되지 않는다. 2013년 20대 취업률은 제자리걸음이고 30대 취업률은 큰 폭으로 줄어든 반면, 50대 이상 취업률은 큰 폭으로 늘었다. 자녀가 취업이 안 되니 부모들이 저임금 파트타이머로 일하거나 자영업을 택하는 경우가 많아졌기 때문이다. 그러나 전체 실업률로는 이러한 속사정을 제대로 알 길이 없다.

2015년 5월 통계청은 전체 실업률이 3.9퍼센트라고 발표했다. 청년실업률은 10.2퍼센트로 지난해 같은 달보다 0.2퍼센트 포인트 높아졌고, 소비자물가상승률도 지난해 같은 기간에 견주어

0.39퍼센트 증가해 거의 변동이 없는 것으로 조사되었다. 2015년 미국의 금융·경제전문 미디어그룹 블룸버그통신이 발표한 '고통지수' 전망에 따르면 조사 대상 세계 주요 51개국 가운데 한국은 네번째로 고통지수가 낮은 것으로 예측됐다.

06

그의 메시지

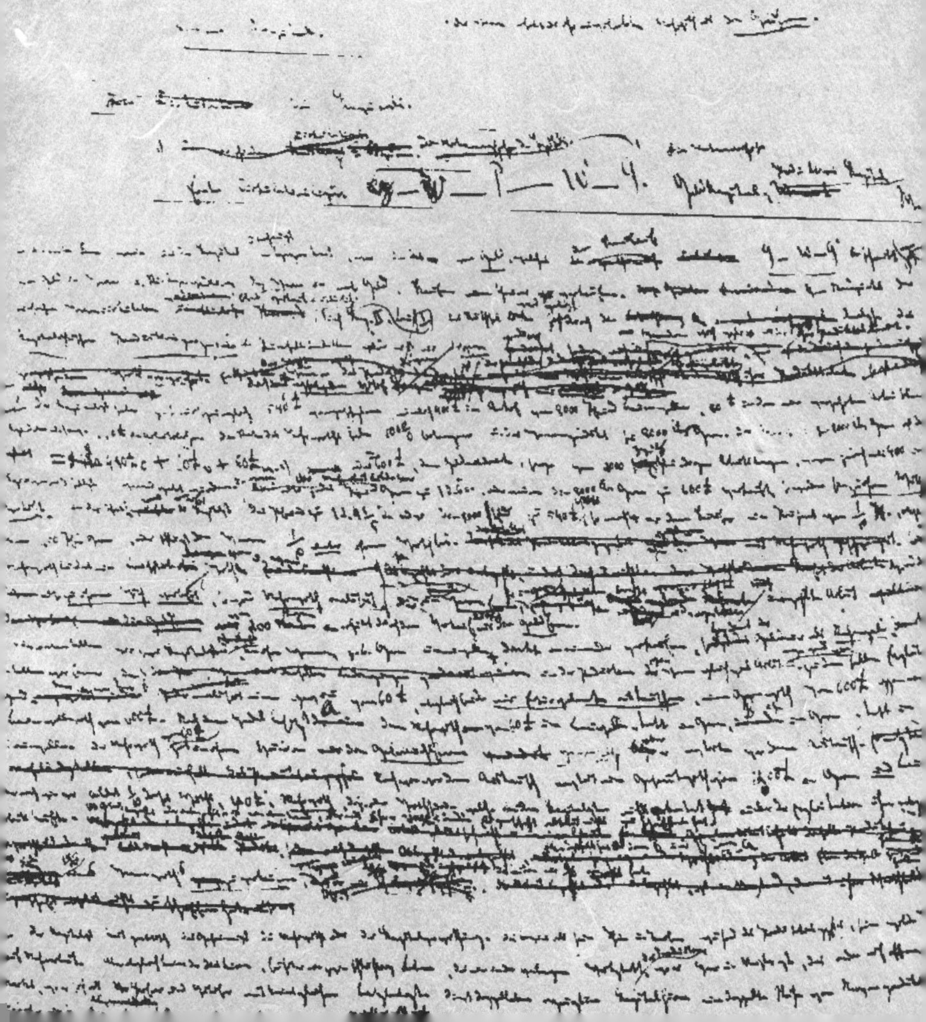

15년을 매일같이
같은 도서관 열람실

드디어 세상에 나온
한 권의 책

명망 높은 변호사였던 아버지는
장남이 자신의 대를 잇기를 바랐다

아버지의 뜻에 따라
대학에 진학한 청년

그러나 청년을 사로잡은 건
법학이 아닌 철학

산업혁명 시대 '풍요'의 이면
비참한 노동자들의 삶

"철학자들은 세계를 다양하게 해석해왔다.
그러나 중요한 것은 세계를 변화시키는 것이다."

만물은 늘 모순을 만나
새롭게 변화하고 발전해나간다
그 토대가 되는 것은
관념이 아닌
먹고, 일하고, 소비하며
살아가는 '경제'다

일을 할수록
가난해지는 노동자의 현실

그 모순의 구조를 밝히기 위해
그가 세운 전제

상품의 가치를 생산하는 것은
기계, 원료, 화폐가 아닌
'노동력'

넘쳐나는 노동력을 싼값에
살 수 있는 자본가

더 많은 노동력으로
더 큰 이윤을 만들어가는 자본가

그리고 이어지는
다른 자본과의 경쟁

무한히 번식해가는
'자본'

대영박물관에서 매일 10시간씩
'자본'을 연구하는 남자

"현대 자본주의 사회의
경제적 운동법칙을 발견하는 것이
내 책의 최종 목적이다."

그러나

"나는 네가 자본에 대해 책을 쓰는 것보다
자본을 벌기 바란다."

– '어머니의 편지' 중

런던 빈민가 전당포를 오가며
생계를 유지한 남자

책을 쓰는 사이
영양실조와 병으로 세 아이를 잃는다

그리고 15년 후
세상에 나온 책

『자본Das Kapital』

자본주의의 구조적 모순을 밝힌
최초의 경제학자

카를 마르크스Karl Marx, 1818~1883

구조적 모순으로
자본주의는 붕괴될 것이라는
그의 예언

그러나
약 100년 후

그의 예언은 빗나갔다

"자본주의는
스스로의 문제를
수정하고 보완해나간다."

역사상 가장 위대한 경제철학자 1위
마르크스
– BBC 조사(2008)

"우리는 마르크스를 다시 읽어야 한다.
그는 런던의 빈궁 속에서 죽은 자식들을 놓고
슬퍼하면서도 최선의 인류를 꿈꿨다.
그의 메시지는 분명하다.
'인간은 기대할 만한 가치가 있는 존재'라는 것이다."

– 자크 아탈리, 『마르크스 평전』

그의 메시지

타고난 반항아

카를 마르크스는 1818년 5월 5일 프로이센 라인주 트리어에서 태어났다. 그의 집안은 양친 모두 대대로 랍비를 배출할 만큼 뼈대 있는 유대교 가문이었는데, 변호사였던 아버지가 혈통 때문에 승진할 길이 막히자 1817년 기독교로 개종했다.

부유하고 교양 있고 개방적인 유럽의 부르주아 가정의 차남으로서 마르크스는 누릴 수 있는 모든 것을 향유하며 자랐다. 영국 철학자 이사야 벌린의 말마따나 그는 "보기 드물게 어린 시절에 좌절을 겪지도, 억압을 받지도 않은 혁명가 중 하나"였다.

1835년 본대학에 입학한 마르크스는 법학을 전공해 자신의 뒤를 잇기 바라던 부친의 기대를 저버리고 놀고먹는 데 몰두했다. 입학하자마자 음주동아리 '트리어 주막회'에 들어가 날마다 고주망태가 되었고, 카드놀이에 빠져 돈과 시간을 탕진했다. 아들이 허구한 날 감옥을 들락거리는 것도 모자라 기어이 '주막회' 회장이 되자 아버지는 특단의 조치를 내렸고, 이듬해 마르크스는 베를린대학으로 전학했다. 하지만 그는 여전히 법학에는 무관심한 채 시시껄렁한 동료들의 대부代父를 자처하며 돈을 낭비했다. 제법 산다 하는 집 생활비도 한해 500탈러가 넘지 않던 때에 마르크스는 700탈러를 써댔는데, 그의 느슨한 경제관념은 죽을 때까지 바뀌지 않았다.

호방한 생활만큼이나 이 시기 마르크스가 전념한 대상은 철학이었다. 당시 베를린대학은 독일 관념론을 집대성한 게오르크 헤겔의 본산이었고 홀로 헤겔을 독파한 그는 브루노 바우어, 칼 프리드리히 쾨펜, 아돌프 루텐베르크 등이 활동하는 '청년헤겔학파'에 가입했다. 청년헤겔학파는 헤겔과 우파정권, 기독교의 보수성을 싸잡아 비판하던 급진단체로, 마르크스는 "강렬하면서도 정력적인 성격, 개념이 분명하면서도 포괄적인 견해, 적들조차 매료시킨 시대에 대한 폭넓고 탁월한 분석력"을 앞세워 단숨에 조직의 헤게모니를 장악했다.

그러나 1838년 친애하던 아버지가 사망하자 마르크스는 두문불출 읽고 쓰는 일에만 전념하여 1841년 예나대학에서 「데모크리토스와 에피쿠로스의 자연철학에 관한 연구」로 박사학위를 받는다. 본으로 돌아온 마르크스는 잠시 대학교수를 꿈꾸지만, 프로이센 반동정부 아래 청년헤겔학파의 정신적 지도자가 뜻을 펼 자리는 없었다. 결국 그는 1843년 쾰른의 반정부 성향 매체 〈라인신문〉에 입사, 강단 밖 현실 앞에 선다. 정치·철학 같은 '상부구조'에서 경제라는 '토대'로 문제의식을 옮긴 계기다.

신문의 논조를 좌우한 실질적 편집자로서 연일 대정부 강경발언을 쏟아내던 마르크스는 1843년 3월 프로이센 정부로부터 추방 명령을 받는다. 그리고 "인류에게 가장 직접적이고 체계적이며 강력한 영향을 미친 19세기 사상가"로서의 여정을 시작한다.

물구나무 선 헤겔

1843년 10월 마르크스는 파리에서 그를 『자본』으로 이끈 두 가지 계기, 사회주의와 프리드리히 엥겔스를 만난다.

당시 프랑스는 이중 혁명의 여파로 술렁거렸다. 1789년 프랑스 혁명 이후 유럽의 제국들은 정통·보수·반동의 '빈 체제'를 가동해 사회를 혁명 이전으로 되돌리려 했지만, 자유와 평등의 혁명 정신은 이미 대중 깊숙이 침투해 있었다. 여기에 산업혁명이 프롤레타리아(무산계급)와 유례없는 불평등을 양산하자 사회 변화를 갈망하는 목소리가 끓어 넘쳤다. 사회주의는 이러한 시대적 요구가 집약된 이념으로서 이론적 중심에는 피에르 조제프 프루동, 에티엔 카베, 샤를 푸리에 등이 있었다. 사회주의자들과 교류하던 마르크스는 프로이센에서 갈고닦은 철학이 실질적인 수단, 곧 경제학과 만나야 한다는 사실을 깨닫게 된다. 나아가 푸리에의 공상적 사회주의와 다른 현실 사회주의를 고민한다.

엥겔스와의 만남은 자연스럽게 이루어졌다. 1820년 프로이센 방직공장 사장 아들로 태어난 엥겔스는 기독교와 부르주아적 가치관으로 점철된 아버지의 세상에 거부감을 품었다. 이에 역사와 철학, 문학을 독학하며 견문을 넓혔고, 부친의 회사 경영을 돕느라 영국으로 옮겨와서는 노동자들의 차티스트 운동과 사회주의 사상에 빠졌다. 비슷한 시기 프로이센에서 태어나 비슷한 성장과정을 거쳐 비슷한 현실을 고민한 두 사람은 1844년 8월, 파리 극장 앞 카페에서 서로의 입장과 가치관을 공유한 후 평생을 함께했다.

최종 지향이 확정되고 동지도 생기자 마르크스는 사회주의를 뒷받침할 철학적 당위로서 '역사적 유물론'을 정립해나간다. 뼈대는 헤겔 철학, 단 "물구나무 선 헤겔 철학"이었다.

헤겔의 관념론을 거칠게 요약하자면, 세계는 정신으로 구성돼 있고(물질도 정신에서 나온다), 정신은 정반합正反合이라는 변증법적 운동 원리에 따라 '절대 진리'를 향해 나아간다. 이것이 지금껏 인류 역사가 발전해온 길이다. 마르크스는 헤겔 철학을 가져오되 '정신'의 자리에 '물질'을 넣는다. 즉 세계는 물질로 구성돼 있다(정신도 물질에서 나온다). 마르크스에 따르면 인류 역사는 물질이 변증법적 운동 원리에 따라 진보한 과정이며, 생산수단을 차지한 지배계급과 피지배계급의 관계에 대한 기록이다. 고대 로마시대는 귀족이 노예라는 생산수단을 점유했다. 봉건시대에는 영주가 땅과 농기구를 소유했다. 자본주의시대에는 자본가가 공장과 기계를 가졌다. 그리고 그 아래로 여러 계급이 헤쳐 모여 서로 살 길을 모색하며 사회 변혁을 이끌었으니 "지금까지 모든 사회의 역사는 계급투쟁의 역사"인 것이다.

그런데 문득 의문이 솟는다. 왜 노예, 농노, 노동자 들은 지배계급에 저항하지 않을까. 헤겔 철학의 중핵은 여기서 중요해진다. 지배계급은 법, 도덕, 종교, 문화 등 정신을 이용해 자신들이 생산수단을 갖는 것이 '정당해 보이도록' 피지배계급의 눈을 가린다. 이에 피지배계급은 근면, 성실, 긍정 같은 지배계급이 만든 윤리를 자연스럽게 수용하고, 시스템이 제공하는 꿈(이를테면 '열심히 일하면 부자가 될 수 있다')을 제 것인마냥 꾼다.

이 상태가 지속된다면 변화는 없다. 그러나 지배계급도 어쩔 수 없는 역사적 변수가 있으니, 바로 기술 발전이다. 기술이 발전하면 노동과 자본은 요동하고, 그때마다 지배계급은 자신의 지위를 심각하게 위협받는다. 물질적 조건이 바뀌는 속도를 제도가 미처 따라잡지 못하기 때문이다. 방적기가 발명돼 면직물 생산이 폭증하고, 산업이 발달하여 자본이 쌓이고, 자본을 굴리던 자본가가 봉건영주를 몰락시킨 것처럼 말이다. 그러니 이대로 생산력이 계속 발전한다면 또다시 "물질생산력과 사회제도가 서로를 구속해 마침내 사회혁명의 시기가 오게 된다." 이것이 마르크스가 예견한 프롤레타리아 혁명이다. 혁명의 그날이 오면 생산수단은 프롤레타리아의 몫이 되고, 계급은 사라진다.

마르크스가 역사적 유물론의 꼴을 갖추는 동안 1848년 프랑스에서 '2월혁명'이 일어났다. 보수정권에 불만을 품은 시민들의 분노, 선거권과 처우 개선을 요구한 노동운동의 영향, 1840년대 내내 해결될 기미를 보이지 않던 경제공황이 합쳐진 결과였다. 프랑스에서 시작된 혁명의 불길이 전 유럽에 퍼져 빈 체제를 해체하자, 때가 왔다고 판단한 마르크스는 엥겔스와 함께 황급히 『공산당선언』을 써내려간다. 이들은 계급투쟁의 당위, 자본주의가 망할 수밖에 없는 필연성 등을 적은 글을 "잃을 것은 쇠사슬이고 얻을 것은 온 세계다. 만국의 프롤레타리아여, 단결하라!"는 선동 문구로 마무리하고 파리, 브뤼셀, 쾰른 등지를 돌며 투쟁을 독려한다.

2월혁명은 민중의 승리로 끝난다. 그러나 열매는 부르주아와 결탁한 온건 공화주의자들이 독식한다. 노동자와 사회주의자가 전선을 형성해 저항하지만 무력진압 당하고 또다시 반동의 시대가 온다. 계급사회의 종말을 고한 '불온한 사상가' 마르크스는

1849년 프랑스 공화정으로부터 추방되어 런던으로 망명한다.

노동자가 가난한 이유

러시아 혁명가 블라디미르 레닌은 마르크스주의의 세 가지 원천이 독일 철학과 영국 경제학, 프랑스 사회주의이고, 이에 대응하는 세 가지 구성부문은 역사적 유물론과 정치경제학, 과학적 사회주의라고 말했다.

2월혁명의 실패를 통해 "혁명이 의지와 소망만으로는 성공할 수 없고 과학이라는 지렛대를 필요로 한다는 뼈아픈 교훈"을 얻은 마르크스는 경제학이 바로 그 지렛대라고 확신한다. 이에 가난이 삶을 파괴하고 자녀들의 목숨을 앗아가는 참혹한 조건에서 수년간 매일 오전 9시부터 저녁 7시까지 대영박물관 도서관에 틀어박혀 경제학 공부에 매달린 끝에 1867년 '노동자의 성서', 『자본』을 펴낸다.

변증법에 따라 총 3권으로 구성된 『자본』의 첫 권은 자본의 생산과정에 대한 것이다. 마르크스가 통찰하기에 1840년대 일어난 크고 작은 혁명을 촉발한 요인은 가난이다. 물론 유사 이래 가난은 늘 있었으나 생산력이 폭발적으로 증가한 지금의 가난은 과거와는 근본적으로 다르다. 역사상 빈부 차가 이토록 첨예하고 이토록 많은 사람이 비참한 삶에 내몰린 적이 있었던가. 유럽의 공장을 한번 둘러보라. "십분만 있어도 먼지 때문에 숨을 쉴 수 없는 열악한 작업실"에서 "일곱 살 아이가 하루 열여섯 시간을 일한다." 가는 곳마다 "제대로 먹거나 쉬지 못해 육체적·정신적으로 쇠잔한" 노동자가 넘쳐나는데, 이들은 "침실 하나를 널빤지

몇 개로 나눈 질식할 것처럼 작은 침실에서, 한 침대에 두 명씩 누워 자다가 그대로 죽는다." 빈자리는 곧 "굶어죽기 직전의 과부의 손에 이끌려온 어린이"로 채워진다. 마르크스는 이러한 지옥도가 자본주의 생산과정에 연유한다고 보고, 원인을 자본가의 '노동착취'에서 찾았다.

고전경제학에서 한 상품의 가치(가격)는 그 상품의 생산에 소요된 노동량에 의해 결정되며, 노동자는 가치 생산에 기여한 만큼 보수를 받는다. 따라서 상품의 가치는 노동자의 임금과 일치한다. 이게 참이라면 이윤이 생길 여지는 없다. 하지만 현실의 자본가들은 엄청난 이윤을 챙긴다. 어디서부터 잘못된 것인가.

마르크스에 따르면 방적공장 사장은 면직물을 생산하기 위해 공장, 방적기, 목화 등의 불변자본과 노동자라는 가변자본을 산다. 이렇게 면직물을 만들고 나서는 그 가치가 지금껏 쓴 돈을 합친 것보다 많도록 온 힘을 다한다. 그런데 불변자본은 말 그대로 가치가 변하지 않는 자본이라 이윤을 남기려면 가변자본을 줄이는 수밖에 없다. 이에 자본가는 꾀를 내어 노동자들이 생산에 기여한 만큼이 아니라 '먹고살 만큼'만, 목숨을 부지해 다시 일할 수 있을 만큼만 임금을 주고 나머지(잉여가치)는 전부 빼앗는다. 예컨대 노동자가 하루 먹고사는 데 5만 원이 들고, 5만 원어치 면직물을 생산하는 데 다섯 시간이 걸린다면, 자본가는 노동자를 일당 5만 원에 고용해 열 시간을 부린다.

그렇다면 노동자가 일당 10만 원을 요구하면 되지 않나. 예비노동력이 넘치는 마당에 이는 어림없는 소리다. 게다가 마르크스가 정의한바 자본은 "무한증식하려는 속성을 지니고" 있어서 자본가는 더 많은 돈을 남기려고 안간힘을 쓴다. 그런데 앞서 보았듯이 이윤은 노동착취에서 오고, 이윤율은 잉여가치와 총 투입자본(불변자본+가변자본)의 비율로 결정된다. 결국 이윤율을 높일

방법은 노동시간을 늘리거나, 싼 기계를 쓰거나, 임금을 줄이는 길뿐인데 자본가는 이 모두를 동시에 수행한다. 노동자가 가난을 면치 못하는 이유다.

매번 위기로 구원돼야 하는 악순환

그러나 제아무리 부조리할지언정 하루아침에 자본주의를 폐기할 수는 없다. 혁명은 반드시 실천을 담보해야 하고, 실천에 이르려면 여러 조건들이 무르익어야 하기 때문이다. 그런 까닭에 자본주의는 노동자의 희생을 딛고 역사적 유물론에 따라 진보하며 인류의 번영을 가져온다. 자본주의의 성숙은 사회주의 혁명의 필요조건이다. 이와 함께 자본주의는 경제학 법칙에 따라 차분히 내파內波의 길을 걷는데, 그 첫번째 징후가 이윤율과 자본축적률 하락이다.

자본주의체제에서 자본가는 끝없이 경쟁할 운명에 처해 있다. 동종업계 누군가가 생산규모를 키우고 능률을 높이면, 나머지도 그에 준하는 요건을 갖춰야만 시장에서 도태되지 않는다. 그래서 자본가들은 너도나도 사세를 확장하고 더 많은 노동자를 고용한다. 이렇게 노동 수요가 늘면 임금에 소요되는 금액이 오르게 되고 이윤율을 높여야 하는 자본가는 노동자 대신 기계를 들이기 시작한다. 하지만 수요가 늘어난 만큼 기계값은 오르기 마련이라 자본가는 진퇴양난에 빠진다. 기계를 안 사자니 경쟁에서 밀리고, 사자니 불변자본 비중이 높아진다. 그러나 선택지는 없다. 자본가는 비싼 기계를 살 수밖에 없고, 이윤율과 자본축적률은 그만큼 낮아진다.

이 과정에서 자본 없는 영세 기업은 퇴출돼 몇몇 대기업이 시장을 장악한다. 기계가 노동자를 대체한 데 이어 실질적인 일자리가 줄면서 유효수요는 격감한다. 물건이 팔리지 않아 기업은 도산하고 주식은 폭락하고 투자율은 땅에 떨어진다. 이렇게 한 번 공황이 휩쓸고 나면 상황은 좀 나아진다. 살아남은 기업들은 노동자를 고용해 생산을 재개하고, 자본주의는 회생하는 듯 보인다. 하지만 오래지 않아 같은 일이 반복된다. 마르크스는 이런 악순환이야말로 자본주의의 기본 속성이라고 말한다. 자본주의의 비극은 위기 자체가 아니라, 매번 위기로써 구원돼야 한다는 사실에 있다.

그러는 사이 늘어난 실직자는 한동안 일자리를 얻을 수 있다는 희망으로 구직활동을 계속하고, 덕분에 자본가들은 싼값에 노동력을 부릴 수 있게 된다. 하지만 희망은 곧 절망으로 바뀐다. 노동자들은 가난과 끝 모를 불안으로 하루하루를 소진한다. 그러다 마침내 스스로의 처지를 깨닫고 떨쳐 일어나, 자본가에게 빼앗긴 생산수단은 물론 마음과 정신, 인간으로서의 존엄을 되찾는다. 이제 노동자는 이윤이 아니라 '창조적인 삶'을 위해 일한다.

그리고 그다음은? 알 수 없다. 마르크스는『자본』의 첫번째 권만을 완성하고 1883년 3월 사망한다. 이후 엥겔스가 마르크스의 메모와 원고뭉치를 정리해 나머지 두 권을 펴내지만, 사회주의체제에 이르는 구체적인 행로는 영영 괄호로 남았다. 후대는 다만 이후에 레닌과 카를 카우츠키, 로자 룩셈부르크가 그랬듯『공산당선언』의 다음 구절을 이정표 삼아 저마다의 길을 모색할 뿐이다.

가장 진보된 나라들에서는 다음과 같은 방책을 일반적으로 적용할 것이다.

1. 토지 사유를 폐지하고 모든 토지 임대료 수입을 국가 경비로 삼는다.

2. 높은 누진세를 적용한다.
3. 상속권을 폐지한다.
4. 모든 망명자와 반역자의 재산을 몰수한다.
5. 배타적인 독점권을 가진 국립은행이 국가의 수중에 신용을 집중시킨다.
6. (철도·통신 등) 모든 운수기관을 국유화·중앙집권화 한다.
7. 국유 공장과 생산용구를 늘린다. 공동계획으로 황무지를 개간·개선한다.
8. 모두가 평등하게 노동의 의무를 진다. 산업예비군 특히 농업예비군을 설립한다.
9. 농업과 제조업 경영을 결합한다. 인구를 분산해 도시와 농촌간 대립을 점진적으로 철폐한다.
10. 모든 아동을 무료로 교육하고, 아동 노동을 금지한다. 교육과 물질적 생산을 결합한다.

'자본'에 대한 처방을 꿈꾸며

주류경제학이 마르크스주의경제학을 불신하는 가장 큰 이유는 '비과학성'이다. 경제학은 과학이며, 과학은 이론이나 가설을 수학적으로 모델링할 수 있어야 하는데, 마르크스주의는 이게 불가능하다는 것이다. 마르크스의 자본주의와 사회주의에 대한 전망도 많은 부분 예측을 빗겨가며 불신을 키웠다. 이를테면 마르크스는 사회주의 혁명이 고도로 발달된 자본주의 국가에서 나타난다고 했는데 실제로는 러시아, 중국, 베트남 같은 저개발국가에서 실현되었다. 이런저런 비판에 마르크스주의경제학은 제대로 대처하지 못했고, 1991년 현실공산주의를 상징하던 소련이 해체하면서 '실효성 없는 과거의 몽상'으로 밀려났다.

한편 자본주의경제학은 자본주의의 구조적 모순을 단적으로 드러낸 대공황을 케인스주의로 돌파한 후, 일련의 위기들을 '수정 가능한 오류'로 다루며 현재에 이르렀다. 하지만 케인스주의는 자본주의체제의 (임시) 처방전은 되었을지언정 생산수단을 둘러싼 관계로서 '자본'에 대한 처방전은 되지 못했다. 오늘날 노동을 둘러싼 물리적 조건은 분명 개선되었으나, 노동이 처한 실질적 조건, 즉 높은 실업률과 가난, 긴 노동시간, 비인간적 처우, 지속적으로 하락하는 실질임금과 급격한 빈부 차이는 19세기 유럽과 그리 다르지 않다. 2007년 서브프라임 모기지론 사태가 자본주의의 모순을 다시 한번 폭로했을 때, 전 세계에 마르크스주의 열풍이 분 이유다.

『자본』에 쌓인 먼지를 털어내고, '계급투쟁'이라는 낡은 깃발을 고쳐 맨 사람들에게 한국의 대표적인 마르크스주의경제학자 고故 김수행은 이렇게 독려한다. "자본주의를 가장 이상적인 경제체제로 여기는 부르주아 경제학자들처럼 현실에 순응하지 않기를, 계급투쟁을 통한 역사발전론을 주장한 마르크스처럼 역사변혁의 주체가 되기를 바란다."

참고문헌

『공산당선언』, 마르크스·엥겔스 저, 서석연 역, 범우사, 1989
『죽은 경제학자의 살아있는 아이디어』, 토드 부크홀츠 저, 이승환 역, 김영사, 1997
『자본 I-1·2』, 카를 마르크스 저, 강신준 역, 길, 2008
『청소년을 위한 자본론』, 김수행 저, 두리미디어, 2010
『카를 마르크스』, 이사야 벌린 저, 안규남 역, 미다스북스, 2012

07

피케티가 마르크스에게

자본주의에 대한
당신의 기본 전제는
잘못됐습니다

200년 전 당신은
자본주의가 몰락할 것이라고
예견했습니다

최저임금을 받으며 착취당하는 노동자
이윤을 챙기는 자본가

기계로 대체되는 노동력
증가하는 실업자

기계로 생산한 상품을
구매할 사람이 없어지면서
감소하는 이윤

"결국 자본주의는 몰락할 것이다.
자본가의 자본수익률이 0에 가까워져
자본이 고갈될 것이기 때문이다."

그런데

당신이 왜 틀렸는지 간단히 통계로 증명하죠

1820년에서 2010년까지

각 국가의 자본수익률은

4~5퍼센트 밑으로 떨어진 적이 없습니다

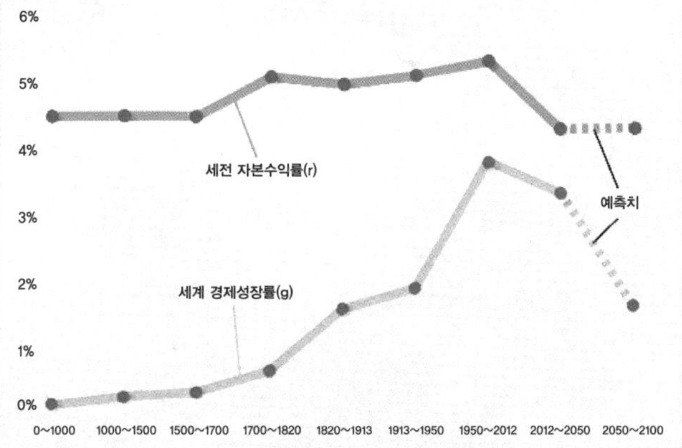

자본수익률은

경제성장률보다 영원히 높을 것입니다

따라서

마르크스 당신의 전제는

틀렸습니다

그러나 한편으로는
옳았습니다

자본주의는 경제적 불평등을 만드는
모순된 체제이며
결국 몰락할 것이라는
마르크스 당신의 예견은 옳았습니다

역시 통계로 증명해보이죠

대표적인 자본주의 국가
미국

미국인 전체가 1년 동안 벌어들인 소득 중
상위 1퍼센트의 고소득 계층이 가져가는 몫

1931년
15퍼센트

2차세계대전 후
10퍼센트

2000년대
다시 18퍼센트

그리고
계속되는 저성장

자본수익률이 경제성장률보다 높을 경우
노동으로 돈을 버는 속도보다 빨라지는
돈이 돈을 버는 속도

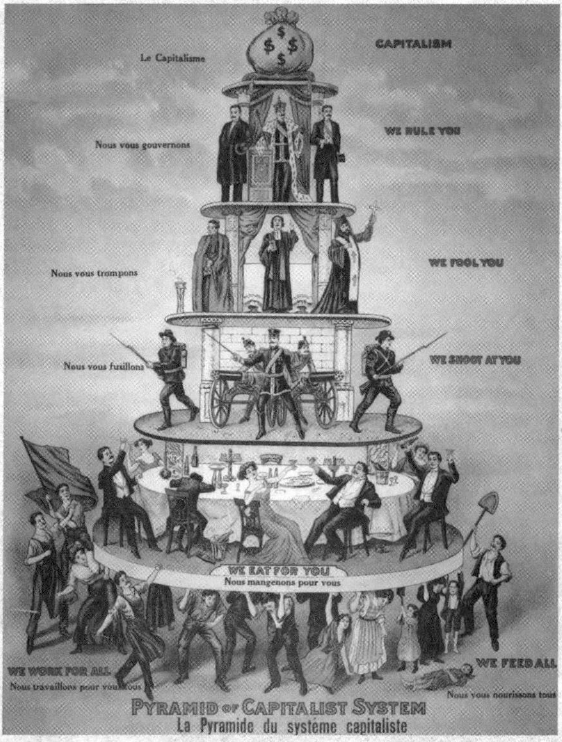

"부모에게 재산을 물려받은 상속 엘리트가
열심히 일하는 임금 소득자들을 지배하는
불평등 사회가 나타나고
18세기 세습 자본주의로 돌아갈 것이다."
- 토마 피케티, 프랑스 경제학자

15년 동안
미국 국세청의 과세자료를 분석해
발견한 사실

200년 동안
선진국에서 부의 분배가
어떻게 이루어졌는가

"자본주의는 참을 수 없을 만큼
터무니없을 정도로
불평등의 상황을 초래할 것이고
우리가 살고 있는 민주사회의 근간이 되는
능력주의의 가치를 송두리째
흔들어버릴 것이다.
돈이 많은 사람들은
자신의 이익을 지키는 데
결코 실패하지 않는다."
- 토마 피케티, 『21세기 자본』

내가 이 책을 쓴 이유는
자본주의에 대한
마르크스 당신의 전제가 틀렸다고
말하기 위해서가 아닙니다

자본주의가 몰락할 것이라는
당신의 결말에 동조하기 위해서도 아닙니다

경제적 불평등 문제가
'남'의 이야기가 아닌
바로 '나'의 이야기라는 것을
사람들에게 알리기 위해서였습니다

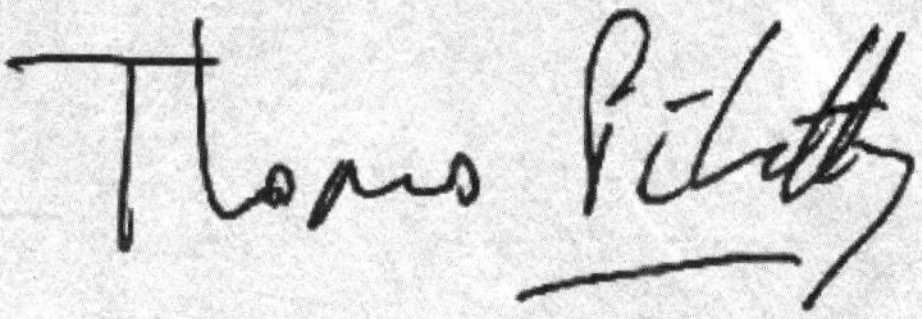

피케티가 마르크스에게

자본주의의 경향과 내재적 동인

미국 철학자만큼이나 보기 힘들다는 프랑스 경제학자, 토마 피케티는 1971년 프랑스 클리시에서 태어났다. 프랑스 고등사범학교에서 수학과 경제학을 공부했으며 1993년 프랑스 사회과학고등연구원과 런던정경대학에서 박사학위를 받은 후 미국 MIT로 건너가 경제학을 가르치고 연구했다. 젊은 학자로서 나름 성취를 이루었으나 거시적 관점 없이 수학풀이에만 매달리는 '미국 경제학의 추상성'에 불만을 품고 3년 만에 본국으로 귀향한 피케티는, 경제성장이 소득과 부의 분배와 어떠한 상관관계를 맺고 있는지에 관한 역사적이고 통계적인 작업에 천착했다. 특히 국민소득에서 최상위 소득의 비중이 오랜 기간에 걸쳐 변화한 양상에 관심을 갖고 토니 애킨슨, 엠마누엘 사에즈, 장-로랑 로즌탈 등 동료들과 자료 수집 및 분석에 열중했다. 그동안 경제학계에서 소득과 분배에 대한 연구가 없었던 건 아니지만, "(경제적 보수와 진보) 각 진영이 상대편의 지적 나태함을 꼬집으면서 자신의 게으름의 구실로 삼는 이 귀머거리들 간의 대화를 생각하면, 완전히 과학적이지는 않더라도 적어도 체계적이고 조직적인 연구가 담당할 역할이 있다"고 판단한 까닭이다.

그리하여 1700년경부터 현재까지 미국을 비롯해 영국, 프랑스, 독일, 이탈리아, 캐나다, 일본, 오스트레일리아 등 선진 자본주의

20여 개국의 방대한 역사적·국가 비교적 통계자료는 물론, 초고소득자 계층의 봉급 수익을 0.01퍼센트까지 추적할 수 있는 고정밀 데이터를 거머쥔 피케티는 이를 근거로 자본주의의 경향과 내재적 동학을 파헤쳤다. 그에 따르면 서구 자본주의와 주류경제학의 주장과 달리 지난 3세기 동안 소득이나 부의 분배는 조금도 평등해지지 않았다. 평등으로 수렴하는 일반법칙, 즉 쿠즈네츠의 역U자 곡선 따위도 없었다.

체제가 고도화될수록 자본수익률은 점점 줄어 결국 0이 되고, 이로써 자본주의는 붕괴될 것이라고 했던 마르크스의 예견도 완전히 빗나갔다. 피케티의 연구에 따르면 경제성장률과 관계없이 자본수익률은 늘 4~5퍼센트로 일정했으며, 자본수익률은 언제나 경제성장률보다 높았다. 한마디로 자본주의체제는 여태껏 불평등을 심화시켜왔고, 이변이 없는 한 앞으로도 그럴 것이었다.

불평등은 자본주의의 내재적 속성이다

이를 증명하는 피케피의 도구는 $\alpha=r\times\beta$, $\beta=s/g$, $r>g$라는 세 개 수식이다. 이중에서 피케티가 '자본주의 제1공식'이라고 명명한 '$\alpha=r\times\beta$'는 국민소득에서 자본이 차지하는 몫(α)은 자본수익률(r)에 자본/소득 비율(β)을 곱한 값과 같다는 뜻이다. (이때 자본은 생산자본은 물론 부동산과 금융자산까지도 포함한 말 그대로 '부富'다.) 만약 자본수익률이 연 4퍼센트이고 자본/소득 비율이 5라면, 자본소득분배율인 α는 4×5=20퍼센트가 된다. 쉽게 말해 자본 총량이 국민소득의 4배이고 자본의 평균수익률이 5퍼센트면, 국민소득 가운데 20퍼센트가 자본(가)에게 돌아간다. 따라서 국민소득 규모에 비해 축적된 자본량이 많아지거나 자본수익률이 높아지면, 국민소득 중 자본소득이 차지하는 비중은 늘어난다. '콥-더글러스 생산함수'와 '국민소득의 항등식'에서 도출된 $\alpha=r\times\beta$는 경제학 교과서에 나올 정도로 일반적인 공식으로, 주류경제학에서는 자본주의체제 아래 소득배분은 자본과 노동이 각각 생산에 기여한 만큼 이루어진다는 사실을 증명하는 데 사용돼왔다.

'자본주의 제2공식'인 '$\beta=s/g$'는 자본/소득 비율(β)은 장기적으로 저축률(s)을 경제성장률(g)로 나눈 값과 같다는 뜻이다. 제1공식이 항등식인 반면 제2공식은 신고전학파 이론에서처럼, 경제성장이 '지속상태[steady-state]'일 때만 성립한다. 어떤 경제가 성장률 4퍼센트와 전체 소득 중 저축비율 20퍼센트를 오랫동안 변함없이 유지하면 자본/소득 비율은 20/4=5가 된다. 즉 자본이 소득의 5배인 상태가 유지된다. 자본은 저축률이 높고 경제성장률이 낮을수록 더 빠르게 축적된다. 두 법칙을 종합하면 경제성장률이 낮을수록, 자본수익률이 높을수록 불평등은 커진다.

핵심은 '$r>g$', 자본수익률이 경제성장률보다 크다는 세번째 공식이다. 이론적으로 이 관계는 항상 참이 될 수 없으나, 피케티의 자료는 매우 예외적인 기간을 제외하면 이 부등식이 20세기 내내 성립해왔다고 말한다. 보다 자세히 유럽의 자본/소득비율을 보면 19세기 후반 7배까지 치솟았던 것이 1914~1949년 꾸준히 줄었다가, 1980년부터 가파르게 올라 2010년 현재 4~6배에 달한다.

20세기 초 잠시 실현된 높은 수준의 평등은 누진세 같은 정책 덕이기도 하지만, 전쟁이라는 '외부충격'으로 상속된 부가 파괴된 것이 더 결정적이다. 1950~1980년에는 기본적으로 자본소득의 비중이 높아지는 추세이기는 하나, 이 시기에는 워낙 경제성장률이 높고 사회주의, 민주주의 세력이 강력했던지라 곡선의 기울기는 비교적 완만하다. 그러나 신자유주의가 득세한 1980년 이후 돈이 돈을 버는 현상은 다시 뚜렷해졌다. 인구증가율과 경제성장률이 낮아진 반면 저축률이 높아진 까닭에 자본축적률과 수익률은 급상승하여, 오늘날 불평등은 19세기 말에 비견할 만큼 심화되었다. 미국의 경우 전체소득 대비 상위 1퍼센트의 점유율이 2012년 현재 22.5퍼센트를 기록, 1928년 이래 최고 수준을 나타냈다.

피케티가 쿠즈네츠와 같은 방법으로 20세기부터 현재까지 부

의 불평등 정도를 그래프화 하자 모두 U자 곡선을 이루었다. 역 U자 곡선은 20세기 초, '아름다운 시절'에 기초한 환상이었다. 실상 지난 한 세기 동안 몇몇 돈 있는 자들은 전체 경제 평균보다 더 빠르게 이윤을 챙겨왔다. 자기 능력껏 성공한다는 '능력주의'는 신화에 불과했다.

"부의 분배 역사는 언제나 매우 정치적인 것이었으며, 순전히 경제적인 메커니즘으로 환원될 수 없"기에, 경제가 성장하면 평등은 저절로 달성된다는 주류경제학의 논리는 거짓일 수밖에 없었다. 열심히 일하는 사람보다 부유한 집에서 태어나 상속 받을 돈이 있는 사람이 부자가 될 가능성이 훨씬 컸다. r>g는 자본주의 역사에서 확인되는 필연적인 법칙이었다.

이대로라면 "기업가는 필연적으로 자본소득자가" 되어 "자기 노동력밖에 가진 게 없는 이들에 대해 갈수록 더 지배적인 위치를 차지"한다.

경제 양극화는 "민주사회와 그 사회의 기반이 되는 사회정의의 가치에 대한 잠재적 위협"이 되기 때문에 이를 억누를 방안이 절실한데, 전 계층에 교육 기회를 보장하는 것만으로도 어느 정도 불평등을 가시적으로 줄일 수 있다. 그러나 자본수익률이 날로 속도를 더하고 소득·계층 불평등이 무엇보다 다급한 화두인 지금, 최고한계세율 80~90퍼센트인 누진적 글로벌 자본세를 물리는 것으로 부의 불평등을 줄일 수 있다. 피케티는 방대한 데이터에서 뽑아낸 이같은 결과들을 정리해 2014년 『21세기 자본』을 펴냈다.

십자포화

경제학의 중심을 '성장'에서 '분배'로 옮긴 피케티의 연구는 2008년 이후 경제적 어려움을 겪고 있는 미국을 비롯해 전 세계에서 열렬한 지지와 호응을 얻었다. 동시에 좌우를 막론하고 엄청난 비판이 뒤따랐는데, 우선 마르크스주의학파는 피케티가 자본을 단순히 '부'에 한정하는 바람에 '자본'이 포함하는 정치사회적 관계를 배제한다고 지적했다.

일찍이 마르크스는 시장에서 흔히 볼 수 있는 화폐 관계에 임금노동 관계가 더해진 매우 복잡다단한 사회적 관계로 자본을 파악했다. 여기서 임금노동 관계는 생산수단의 사적 소유와 '자유로운 노동자'라는 법적 환상을 구심점으로 이루어진다. 하지만 자유로운 노동자는 허울 좋은 개념일 뿐, 사실 그들은 자신의 물질적 삶을 재생산할 능력이 없는 나약한 존재에 불과하다. 노동자는 먹고살기 위해 피고용자가 되고, 상하 주종관계를 통해 경영자들이 지배하는 제국에 복종한다. 그러나 피케티는 부의 불평등한 배분에만 관심을 기울이지 생산양식이라는 근본 문제까지 파고들지 않는다. "모든 재산은 부분적으로는 정당하지만 잠재적으로는 과도하다"는 피케티의 문제의식은 (자본주의체제 안에서) 얼마나 평화로운가. 이에 프랑스 경제학자 프레데릭 로르동은 피케티를 '가짜 수염을 단 마르크스'라고까지 몰아붙인다.

신고전학파를 비롯한 시장주의자들은 피케티가 주류경제학의 논리로 자신들을 공격한 데 분통을 터트렸다. "1920년 스웨덴 상위 1퍼센트 부유층을 다루면서 1908년도 수치를 잘못 인용하는가 하면, 1970년 미국 1퍼센트 부유층의 자산규모도 임의로 수정했다"(영국 일간지 〈파이낸셜타임스〉), "수확체감의 법칙에 따라 자본공급이 늘면 자본수익률은 낮아진다"(하버드대 경제학 교수 그레고

리 맨큐), "배울 게 하나 없는 이론"(자유경제원장 현진권) 등 국내외에서 쏟아낸 수많은 반박을 한 줄로 요약하면 '애초에 잘못된 통계에서 비롯된 이론이자 추정이므로 일고의 가치도 없다'는 것이다. 이들은 특히 자본수익률이 경제성장률을 영원히 앞지를 것이라는 전망과 이에 대한 대책(누진적 재산세)에 크게 반발했다.

피케티는 2015년 〈아메리칸 이코노믹 리뷰〉에 「21세기 자본에 대하여」를 발표해 기존의 논의를 보완하고 논란에 대응했다. 일단 그는 r>g가 "1차세계대전 이전의 극단적이고 지속적인 부의 불평등을 설명하는 공식"이라면서 "앞선 시기의 불평등 변화를 설명하기 위한 이 공식을 미래 예측의 기본 도구로 사용해서는 안 된다"고 선을 그었다. 오늘날 불평등의 주요 원인으로 자본과 함께 소득(금융업계 CEO들의 말도 안 되게 높은 연봉과 인센티브)을 추가했으며, 지금 사회의 불평등 정도가 100년 전과 비슷하다는 주장도 철회했다.

이를 두고 일각에서는 피케티가 자신의 '오류'를 인정했고, 그가 제안한 고소득자 누진세, 글로벌 부유세 도입 등 불평등 해소를 위한 처방전도 쓸모없어졌다고 맹공을 퍼부었다. 그러나 정치학자 최장집이 『21세기 자본』의 지향을 "자본주의의 동학 너머, 불평등의 악화를 제어하고 문제를 해결하기 위해 민주주의가 해야 할 과업, 정치적 행동의 긴요함"에 둔 것처럼, 자본주의가 이토록 발달한 마당에 경제적 불평등은 예전 그대로(이거나 더 나빠졌다)라는 피케티의 통찰과 이를 해소(하거나 완화)할 힘은 정치뿐이라는 요청은 그대로 유효하다.

참고문헌

『21세기 자본』, 토마 피케티 저, 장경덕 역, 이강국 감, 글항아리, 2014
「피케티, 21세기판 마르크스라고?」, 프레데릭 로르동, 『르몽드디플로마티크』, 2015년 4월호

ECONOMY

3부

무엇을 할 것인가

어느 경제학자의 도전

최저임금

납세자

시장에서 생긴 일

감정, 노동자

마이너리티 리포트

뜻밖의 선택

01

어느 경제학자의 도전

장기적으로 보면
불황은 저절로 해결될 거라고요?

1929년 10월
뉴욕 증시 대폭락

5년 동안 다섯 배 상승했던 주가
5일 만에 반 토막

1933년
미국 실업률 25퍼센트
영국 실업률 23퍼센트

그럼에도 경제에 부정적인 여러 요인이
'공교롭게도' 동시에 발생했다며
시장의 기능을 믿었던
기존의 경제학자들

"보이지 않는 손이 시장을 움직여
가장 효율적으로 자원을 배분할 것이다."

BROOKLYN DAILY EAGLE
And Complete Long Island News
LATE NEWS
WALL STREET 1:15 PRICES ★★
THREE CENTS
NEW YORK CITY, THURSDAY, OCTOBER 24, 1929.
32 PAGES
89th YEAR—No. 295.

WALL ST. IN PANIC AS STOCKS CRASH

Attempt Made to Kill Italy's Crown Prince

ASSASSIN CAUGHT IN BRUSSELS MOB; PRINCE UNHURT

Royal Suitor Was About to Lay Wreath on Unknown Soldiers' Tomb

Princess, Deeply Moved, Falls Into Fiance's Arms and Kisses Him

Hollywood Fire Destroys Films Worth Millions

ATTEMPT MADE ON LIFE

Crown Prince Humbert

Consolidated Studios Are Swept by Flames Fatal to One—Master Pictures Burned Include Many New Talkie Productions.

FEAR 52 PERISHED IN LAKE MICHIGAN; FERRY IS MISSING

Wreckage Picked Up Indicates Craft Went Down With All Aboard.

PIECE OF PLANE LIKE DITEMAN'S IS FOUND AT SEA

Black and Orange Wreckage Indicates Daring Flier Went to Death.

High Duty Group Gave $700,000 to Coolidge Drive

Grundy Agrees Rates Went Up Due to His Activities as Propagandist, Favors More Lobbying to 'Carry Out Voters' Wish.'

FOR MORE LOBBYISTS

JOSEPH R. GRUNDY

STOCKS CRASH IN RUSH TO SELL; BILLIONS LOST

Morgan, Mitchell Buying Stocks in Effort to Check Rush to Unload.

CARNEGIE CHARGE OF PAID ATHLETES ROUSES COLLEGES

Survey Finds Shopping for Stars Is General; Remedies Now in Force.

HOOVER'S TRAIN HALTED BY AUTO PLACED ON RAILS

2 Negroes Admit Scheme to Collect Insurance for Loss of Machine.

WARDER SOUGHT TO KEEP SEA TRIP SECRET, AID SAYS

Woman Testifies She Was Asked to Say Nothing About Plans.

SOMERS NAMED AS HEAD OF NEW EXCHANGE BANK

Damman Is Chosen for Chairman of Board, Miller Vice President.

그러나

기존의 경제학으로 설명할 수 없는
장기불황

그 속에서
시장의 회복력을 믿으며
사태를 관찰하던 경제학자들

그리고
공무원 출신 경제학자의
과감한 주장

"장기적으로 우리는 모두 죽는다.
그러나 지금 한창 폭풍우가 몰아치고 있는데
폭풍우가 지나가면 바다는 다시 평온해진다는
말밖에 못하는 경제학자라면
무능하다는 평가를 받지 않겠는가?"
–『화폐개혁론』(1923)

그가 찾은 불황 해결의 열쇠이자
제3의 경제주체
정부

"정부가 돈을 여러 곳에 깊이 파묻은 다음
마음대로 파 가도록 놔둔다고 하자.
기업들은 돈을 파 가기 위해 사람들을 고용할 것이고
이에 힘입어 실업은 사라지고
사회 전체의 실질소득과 부 역시 이전보다 훨씬 커질 것이다."

금리인하를 통한
기업투자 유도

대규모 공공 투자를 통한
일자리 창출

소득에 따른 계층 격차를 줄이고
소비를 독려하기 위한
소득재분배제도 주장

그에게 쏟아진 비난

'근본 없는 주장'
'공산주의자!'

그에 대한
남자의 담담한 대응

"정부 기능의 확대는
자유방임에 대한 침해가 아니다.
나는 그것이 자본주의의 붕괴를 막는
유일한 수단이라는 점에서 지지한다."

–『고용, 이자 및 화폐의 일반이론』(1936)

그리고

2차세계대전 이후
새로운 아이디어를 받아들이기 시작하는
세계 각국 정부

"세상에서 가장 어려운 일은
새로운 아이디어를 수용하는 것이 아니라
과거의 아이디어를 잊는 것이다."

– 존 메이너드 케인스John Maynard Keynes(1883~1946)

어느 경제학자의 도전

미술품 수집가, 공무원 그리고 경제학자

존 메이너드 케인스는 1883년 영국 케임브리지에서 태어났다. 삼남매 중 장남으로 경제학자인 아버지와 지역 활동가로서 시장市長까지 역임한 어머니 아래에서 물질적·정서적·문화적 수혜를 누리며 자랐다. 학교 갈 나이가 되자 똘똘한 상류층 자제들이 으레 그러듯이 이튼스쿨에 들어갔고, 1902년에는 장학생으로 케임브리지대학 킹스칼리지에 입학했다. 전공은 수학이었지만 워낙 다방면에 재능을 보였던지라 공부보다는 과외 활동에 쏟는 시간이 더 많았는데 특히 조지 에드워드 무어, 버트런드 러셀, 루트비히 비트겐슈타인, 앨프리드 화이트헤드, 레너드 울프, E. M. 포스터 등이 회원으로 있던 케임브리지 비밀동아리 '사도회The Apostles' 활동에 열성을 보였다. 대개가 유한계급 출신으로 우상파괴적이고 비애국적이며 보헤미안식 인생관을 공유한 사도회 구성원들은 철학과 미학에 대한 토론으로 매일 밤을 지새웠다. 케인스의 명료한 말솜씨와 독특한 유머, 번뜩이는 재기와 종횡무진하는 사고력은 이때 단련된 것으로 러셀은 "케인스와 논쟁을 벌일 때는 목숨을 건 모험이라도 하듯 사력을 다해야 했고, 논쟁이 끝나면 거의 늘 바보가 된 기분이었다"라고 술회했다.

사도회 회원들은 졸업 후에도 '블룸즈버리 그룹'을 꾸려 교분을 이어갔다. 뛰어난 지성과 예술적 감수성을 갖춘 댄디들의 반제도

©guardian

적 성격은 나이가 들어도 여전해서, 1차세계대전 당시 블룸즈버리 그룹에 속한 모두가 '양심적 병역 기피자' 명단에 이름을 올렸다.

1904년 학사학위를 받은 케인스는 사회로 나가는 대신, 학교와 문화계 주위를 어슬렁거리며 논쟁에 참여하고 철학을 공부하고 경제학 강의를 들었다. 현대미술협회의 단골손님이자 케임브리지예술극단 설립자, 로열오페라하우스 대표이사로서 책과 미술품을 모으고 연극과 오페라를 지원하던 그는 1906년 돌연 공무원채용 국가고시(케인스는 수학과 경제학에서 최하점을 받았다)를 치르고 런던 주재 인도청에서 일하지만, 단조로운 일상에 곧 싫증을 느낀다. 참을 수 없는 지루함에 몸서리칠 때쯤 케임브리지에서 인연을 맺은 신고전학파의 거두 알프레드 마샬의 제안을 받은 케인스는 직장을 그만두고 킹스칼리지로 돌아가 금융학 강의를 시작한다. 신고전학파는 데이비드 리카도 등의 고전경제학을 계승·발전하는 한편 소득분배 불평등, 실업, 독과점 등 당시 영국 자본주의의 모순 해결을 목적으로 삼은 경제학 분파다. 공무원, 사색가, 그림 매매상, 극장관리인, 책 수집가에 이어 경제학자를 자신의 직업군에 추가한 케인스는 이후 약 20년 동안 마샬의 충실한 후계자로서 A. C. 피구와 함께 신고전학파의 양대 산맥을 이룬다.

'보이지 않는 손'의 직무 유기

경제학자로서 케인스는 지독히 현실적인 전략가였다. 이론에만 매몰돼 현실을 방기했던 다른 학자들과 달리, 그는 언제나 통계를 이용해 면밀히 분석한 현실과 이론을 접목하고 합리적인 방안을 내놓으려 애썼다. 이러한 태도로 케인스는 외국과의 무역 및 화폐 교역을 무차별적으로 개방한 1920년대 영국 경제를 분석해 『화폐개혁론』(1923)과 『화폐론』(1930)을 출간했다. 당시 신고전학파에 발을 딛고 있던 그의 관심사는 금리에 따라 변동하는 가계 소비와 기업 투자의 불확실성을 중앙은행이 돈의 양을 늘리거나 줄여서 통제하는 통화정책에 쏠려 있었다.

그러는 사이 1930년대 대공황이 일어나 세계경제를 충격으로 몰아넣었다. 예상치 못한 사태에 대다수 경제학자들이 패닉에 빠지거나 낡은 경제학 책을 뒤적이며 상황이 나아지기만을 기다릴 때, 케인스는 냉철한 눈으로 현실을 직시했다. 그리고 1936년 자신이 속한 신고전학파의 이론을 철저히 수정, 혁신하며 혼란을 수습할 새로운 방법론을 제안한다. 바로 '거시경제학의 원전原典', 『일반이론』이다.

1차세계대전 여파로 잠시 주춤거리긴 했지만 20세기 초 미국은 엄청난 자원과 기술력을 밑거름 삼아 세계경제의 중심으로 급성장했다. 신용제도는 정비되고 산업 전반은 기계화되어 생산력을 배가시켰으며, 거대해진 기업은 선진적인 경영법으로 효율을 높였다. 자본주의 시스템이 발전함에 따라 미국 경제는 유례없는 호황을 누렸다. 1922년 뉴욕을 배경으로 한 상류층 여인 데이지와 신흥 부자 개츠비의 비극적 연애담 『위대한 개츠비』는 당시 미국이 구가했던 물질적 번영(과 정신적 빈곤)이 어느 정도인가를 보여준다.

성장이 눈부신 만큼 구조적 모순도 첨예했다. 그중에서도 가장 심각한 문제는 소득불평등이었다. 전체 인구의 5퍼센트에 해당하는 부자들이 전체 소득의 3분의 1을 차지하는 바람에 대다수 국민들의 구매력은 날로 줄었다. 소비되지 못한 물건이 창고에 쌓이자 공장 가동률은 떨어졌고, 투자처를 찾지 못한 자본은 증권시장에 몰렸다. 그다음부터는 악순환이었다. 과도하게 증권시장으로 쏟아진 여유자금 때문에 주가가 실질가치 이상으로 치솟는 '거품현상'이 생겼고, 거품 낀 주가는 다시 자본을 끌어들였다. 증권시장이 과열 양상으로 치달으며 주가 폭락이 우려되었지만 투자 열기는 좀처럼 수그러들지 않았다. 결국 1929년 10월 뉴욕 증권거래소에서 주가가 대폭락하며 세계경제를 파탄에 빠트린 대공황이 시작되었다.

이후의 상황은 참혹했다. 1933년까지 "자유시장의 기능은 완전히 마비되었다. 3퍼센트였던 실업률은 25퍼센트로 치솟고 국민총

생산량은 절반으로 줄었다." 은행 대출을 갚지 못한 기업이 줄도산하고, 전 재산을 날린 투자자들이 매일 목숨을 끊었다. 노동자들은 혹여나 일자리를 구할까 싶어 거리를 전전했고, 곳곳에는 비상급식소가 들어섰다. 미국이 진원지가 되어 전 세계 자본주의 국가 대부분이 휘말린 대공황은 1939년까지 여파를 남겼다.

"장기적으로 우리는 모두 죽는다"

학계를 장악한 신고전학파는 경제에 부정적인 여러 요인이 '공교롭게도' 동시에 작용하는 바람에 대공황이 일어났다고 분석했다. "1920년대 활발했던 투자기회가 줄어든 때, 소비자들은 하필 소비를 줄이고 국가는 하필 보호무역 장벽을 높이고 연방준비은행은 하필 긴축정책을 폈다는" 것이다. 그러면서 지금 당장은 상황이 조금 어렵지만 장기적으로는 '보이지 않는 손'이 알아서 해결할 거라고 낙관했다.

케인스는 이론에 함몰돼 현실에 눈 감아버린 학자들의 속 편한 전망을 정면으로 비판했다. 『화폐론』에서 이미 "장기적으로 우리는 모두 죽는다"라며 비아냥거렸던 그는 『일반이론』을 통해 가장 먼저 신고전학파의 금과옥조인 '세이의 법칙Say's law'을 반박한다. 프랑스 경제학자 J. B. 세이의 이름을 딴 세이의 법칙은 공급이 수요를 창출한다는 내용의 경제학 법칙이다. 그에 따르면 모든 생산자는 동시에 소비자이며 이들은 상품을 생산해 번 돈을 다른 상품을 구입하는 데 쓴다. 따라서 경제 전반에 걸쳐 수요와 공급은 딱딱 맞아떨어진다.

이 '순진한' 법칙은 크게 두 개의 축으로 돌아간다. 먼저 금리가 유연하게 움직여서 저축을 투자로 연결한다. 개인이나 가계는 보통 번 돈의 일부는 쓰고 나머지는 저축한다. 그런데 가계 소비가 줄고 저축이 늘면 은행은 돈이 많아진 만큼 금리를 낮출 것이다. 기업들은 싼 이자에 돈을 빌릴 수 있으니 투자를 늘릴 것이고, 투자가 늘면 고용도 늘기 마련이니 경기가 살아날 것이다. (물론 저축이 줄면 반대 현상이 나타날 것이다). 그런데 만약 기업들이 낮은 금리에도 투자를 늘리지 않는다면? 소비가 줄어든 마당에 투자도 늘지 않았으니 경기는 침체될 것이다. 경기가 좋지 않으니 노동자의 임금은 낮아지고 물가도 떨어질 것이다. 임금이 낮아지면 기업은 더 많은 노동자를 고용하고, 물가가 떨어지면서 상품 소비도 증가할 테니 경기는 곧 회복된다.

하지만 케인스는 세이의 법칙이 가계와 기업의 총수입과 총소비가 완전히 일치할 때만 작동한다고 보았다. 경제학자이자 성공한 투자자로서 자신의 경험에 비춰봐도, 저축은 그렇게 쉽게 투자로 연결되지 않는다고 생각했다. 가계는 단순히 집을 사려고 저축을 하지만 기업은 정치, 환율, 금리, 날씨 같은 조건들을 고려해 투자를 결심하기 때문이다. 임금과 물가는 또 어떤가. 독점기업과 노조가 떡하니 버티고 선 현실에서 임금과 물가는 그렇게 자유롭게 오르내리지 못한다. 결국 불경기가 지속되는 한 기업은 투자를 줄일 것이고, 투자가 줄면 일자리도 줄 것이며, 일자리가 줄면 소비와 저축도 준다. 신고전학파의 말처럼 저축이 투자를 유도하는 게 아니라 투자가 저축을 견인하는 것이다. 더욱이 임금과 물가가 현실에 맞게 조절되려면 상당한 시간이 필요하기 때문에 불황은 장기화될 가능성이 있다. 대공황은 둘째 치고 지난 수십 년간 영국의 경제상황만 보더라도 세이의 법칙과 현실의 거리는 너무 멀다.

주류경제학을 조목조목 비판한 케인스는 다음과 같이 결론 내린다. "우리가 살고 있는 경제사회에서 나타나는 가장 큰 문제는 이 체제가 완전고용을 보장하지 못하고 부와 소득을 임의로 그것도 불평등하게 분배한다는 데 있다."

불확실성을 통제하라

불황은 공급이 수요를 초과할 때 발생한다. 즉 사람들이 충분히 소비를 하지 않으면 물건은 팔리지 않고 기업은 감원에 들어갈 것이며 결국 총생산은 줄어든다. 누군가 자의든 타의든 근검절약을 실천하는 순간, 누군가는 해고되고 경제는 불황에 빠지는 것이다. 반대 상황도 가능하다. 누군가 기분에 겨워 충동구매를 하는 순간, 누군가는 일자리를 얻고 경기는 회복된다. 사소한 절약 혹은 소비가 국가 경제를 좌우할 만큼 커다란 파급효과를 낳는다는 통찰, 이것이 그 유명한 케인스의 '승수이론'이다.

"개인이나 시청, 정부 부서가 지출을 삭감할 경우 다음날 아침 틀림없이 누군가는 실직당할 것이다. 이야기는 여기서 끝나지 않는다. 실업자가 된 그 친구는 이제 원하든 원하지 않든 소비를 줄일 수밖에 없을 것이고, 그 결과 그 다음날 아침 누군가는 실직당할 것이다. (…) 한 번 이 파급효과가 시작되면 이것을 멈추기란 지극히 어려워진다."

한 회사가 사옥을 짓는 데 1000만 원을 썼다고 하자. 일단 국가 전체 소비량은 1000만 원이 늘었다. 하지만 효과는 이게 다가 아니다. 임금을 받은 건축가, 벽돌공, 요리사는 임금 중 일부를 보석상과 슈퍼마켓에서 쓰고, 일부는 저축할 것이다. 돈을 번 보석상과 슈퍼마켓 주인은 일부는 정육점과 제과점에서 쓰고, 일부는 저축할 것이다. 연쇄반응은 계속된다.

불황이 소비와 직결된 문제라면 해법은 간단하다. 부족한 만큼 돈을 쓰면 된다. 하지만 가계가 얼마나 소비(저축)할지, 기업이 언제 어떤 계기로 얼마를 투자할지 알 수 없는 일이고, 이러한 불확실성에 기대는 한 실업과 불황은 반복될 것이다. "지금까지의 그 어떤 제도보다 자본주의가 경제적 목표를 더 효율적으로 달성할 수 있을 거라고 생각"했던 케인스는 시스템에 내재한 위험 요소를 최소화하여 자본주의를 안전하게 지속할 방안을 찾는다.

정부의 재정정책은 이 대목에서 중요해진다. 가계와 기업이 소비를 줄인 마당에 돈을 풀 가장 확실한 주체는 정부뿐이기 때문이다. 만약 시장에 필요한 돈이 100만 원인데 가계와 기업의 소비가 70만 원밖에 안 된다면, 정부는 세금을 깎든 공공투자를 늘리든 30만 원을 써야 한다. 재정적자가 걱정되겠지만 어차피 이 돈은 경기가 회복되면 곧 채워진다. 정부는 지출을 통해 투자를 망설이는 기업에 안정성을 보장하고, 사회적 부를 재분배하고, 고용과 유효소비를 촉진해야 한다.

특수한 조건에서만 참인 세이의 법칙을 일반 조건에서도 무리 없이 움직이도록 수정한 케인스의 이론은 즉각 반발에 부딪혔다. 자유방임을 절대 명제로 여겼던 신고전학파는 케인스의 아이디어 자체를 이단으로 받아들였다. 철학자들은 정부의 기능 확대가 자유를 심각하게 침해하는 일이라면서 케인스를 '사회주의자'라고 비난했다. 영국과 미국 재무성은 재정적자를 감수하라는 조언을 찜찜하게 여겼다. 하지만 대공황의 원인을 설명하고 극복 방안을 제시한 유일한 경제이론으로서 케인스의 혁명적인 주장은 조금씩 학계에 스며들어, 2차세계대전을 전후해서는 선진 자본주의 국가의 일반적인 재정정책이 되었다. 이와 함께 불확실성을 통제할 제도도 하나둘 마련되었다. 실업급여와 누진세가 그 예다.

지금 필요한 것은 케인스주의?

"우리는 모두 케인스주의자다"라는 리처드 닉슨의 선언처럼, 20세기 대부분의 자본주의 국가는 케인스주의를 경제 기조로 삼았다. 물론 부침은 있었다. 1970년대 석유파동으로 경기가 침체하는데도 물가가 오르는 스태그플레이션이 계속되자, 미국은 케인스주의 대신 신자유주의 정책을 백신으로 채택했다. 1980년대 레이거노믹스도 그 연장선상에서 추진되었다. 그러나 상황에 따라 '정책'은 달라졌을지언정 '골조'는 언제나 케인스주의였다. 2007년 신자유주의 경제정책의 모순이 폭발하며 미국발 금융위기가 몰아쳤을 때, 경제학자들이 다시금 『일반이론』을 펼쳐든 것은 우연이 아니다.

돌아온 케인스 경제학의 핵심은 역시나 불확실성이다. 미국의 대표적인 포스트케인스주의자 폴 데이비드슨은 한 기고문에서 서브프라임 모기지론 사태는 신자유주의 경제학자들이 미래를 불확실한 것으로 여겼던 케인스의 고찰을 깡그리 잊었기 때문에 벌어졌다고 말한다. 이들이 통계를 이용해 채무자가 빚을 갚지 못할 확률을 계산하고, 이를 절대적으로 신뢰하며 마치 신고전학파처럼 미래를 예측 및 통제 가능한 것으로 다루었기 때문에 일어난 참사라는 것이다. 따라서 오늘날 전 세계를 잠식한 불황(의 공포)에서 벗어나려면, 불확실성을 수긍하고 이에 대처할 방안들을 또다시 모색하는 수밖에 없다.

다만 이때의 케인스 경제학은 지난날과는 다른 것이어야 한다. 살아생전 주장이 변덕스럽다고 조롱받은 케인스가 "정보가 변하면 결론을 수정한다"고 대꾸했듯이, 1936년과 지금의 경제지표는 전혀 다르다. 하지만 영국 경제학자 로버트 스키델스키는 복잡하고 모호한 케인스 경제학이 수용되는 과정에서 신고전학파의 입맛에 맞춰 단순하고 명쾌한 케인스주의 경제학으로 왜곡되었다는 점을 지적한다. 그 결과 케인스주의는 불황 같은 특정 상황에서만 유용하다고 인식되어 왔는데, 이는 두 가지 면에서 잘못되었다. 우선 케인스는 자유방임 시장에는 늘 심각한 경기침체 가능성이 잠재한다고 믿었고, 따라서 정부의 역할은 언제나 있어야 한다고 생각했다. 무엇보다 케인스는 평생 부와 윤리적 목적과의 관계를 고민했으며, 돈에 대한 사랑이 '선한 삶the good life'으로 이끌 때에만 정당하다고 보았다.

스키델스키는 "불확실성이 인간 행동에 미치는 효과를 명확히 인식한 케인스 경제학의 진수를 파악하고", 돈과 윤리에 대한 케인스의 고민을 '일반이론'으로 받아들여야만 오늘날 우리가 마주하고 있는 문제를 해결할 수 있다면서 '케인스주의'가 아닌 '케인스 정신'의 부활을 요청했다.

참고문헌

『죽은 경제학자의 살아있는 아이디어』, 토드 부크홀츠 저, 류현 역, 김영사, 2009
『흔들리는 자본주의 대안은 있는가』, 로버트 스키델스키 저, 곽수종 역, 한국경제신문, 2014

02

최저임금

1899년
영국에서 실시한

세계 최초의 빈곤 연구

1894년

영국 식민지였던 뉴질랜드에서

극심한 노사갈등의 타개책으로 처음 실시된

최저임금제

"착취당하는 노동자를 보호하자."

1909년 영국

노동자들의 최저 생계를 보호하기 위해 도입된

최저임금제

그러나

1979년 영국

보수당의 마거릿 대처 총리

"최저임금제가 국제경쟁력을 약화시키고

실업률을 증대시키는 악영향을 미치고 있다."

70년 만에 최저임금제 폐지

폐지 16년 후인
1995년

핀란드 빈곤율 5.1퍼센트
스웨덴 빈곤율 6.6퍼센트
독일 빈곤율 7.5퍼센트
영국 빈곤율 13.4퍼센트

1997년

노동당의 토니 블레어 총리 집권으로

다시 부활한 최저임금제

그러나

"월급을 올리게 되면 인력을 감축해야 합니다."
"해고가 늘어날 겁니다."
"실업률이 높아질 겁니다."

노사 합의를 이끌어내기 위해
연 100회 이상 개최한 정기회의
총 80회 이상의 연구 용역 의뢰

연구 결과

고용과 해고는
최저임금제도와 '관계없음'

1998년 실업률 7.5퍼센트
2003년 실업률 4.7퍼센트

"최저임금제는 많은 사람이 기대했던 것보다
훨씬 더 성공적인 정책이며
최저임금제가 실업을 야기하는 요인으로
작용하지 않는다."

– 현 영국 총리 데이비드 캐머런(보수당)(2010)

이후
경영자, 노동자, 경제전문가로 구성된
'저임금 위원회' 설치
매년 정부에 최저임금액을 권고·자문한다

1999년 3.6파운드
2010년 5.93파운드(10596원)

"지난 30년 동안 영국정부가 시행한 정책 중
가장 성공한 것은 최저임금제도다."
– 영국 정치연구학회(2010)

2011년 현재
전 세계 120여 개국에서
최저임금제가 실시중이다

최저임금

효과 있다? 없다?

최저임금은 근로자의 소득수준을 보전하고자 법률로 정한 최소한의 임금수준을 말한다. 노동자가 가족과 함께 '먹고살 만큼만' 받는 임금을 생존임금이라고 한다면, 생활임금은 여기에 교육비와 약간의 문화비를 더한 것이다. 그런데 노동시장에서 노동의 수요공급 법칙에 따라 결정된 임금이 생활임금은커녕 생존임금에도 미치지 못한다면, 국가는 노동자가 안정된 생활환경 속에서 양질의 노동력을 제공할 수 있도록 조치해야 한다. 최저임금제는 이러한 국가적 책무에서 비롯된 제도로, 결과적으로 가난을 퇴치하고 소득불평등을 완화하며 소비를 늘려 경기를 활성화하는 데 일조하게 된다.

최저임금제는 1894년 뉴질랜드 정부가 노동자들의 비참한 생활을 개선하고자 제도화한 이래 영국, 오스트레일리아, 미국, 프랑스 등으로 확산되었고, 2014년 현재 세계 120여 개국에서 시행중이다. 한국은 1986년 12월 31일 관련법을 공포하고 1988년 1월부터 시행에 들어갔다.

100여 년 역사 동안 최저임금제를 둘러싼 논의는 세계 곳곳에서 분분했다. 찬성 측은 최저임금제가 노동자가 사람답게 살 수 있는 최소한의 권리를 보호하고 경제발전에도 도움이 된다고 말한다. 노동자의 소득이 증가하면 구매력도 늘고, 구매력이 늘어 상품 판매가 활발해지면 그 이익이 사회 전체에 돌아간다는 것이다. 2015년 3월 한국직업능력개발원은 임금 인상을 통한 노동소득분배율 상승이 내수 확대의 원천이 돼 경제성장과 고용증대를 가져온다는 사실을 실증한 보고서 「일자리 확대를 위한 노동조합의 역할」을 내놓았다. 이에 따르면 고임금계층보다 소비성향이 높은 저임금계층의 임금 인상이 내수 확대에 더 큰 역할을 하기 때문에, 정부는 중소기업 근로자나 비정규직 등 저임금계층의 임금 인상에 중점을 둬야 한다.

시카고학파를 비롯한 최저임금제 반대파는 최저임금제를 시행하면 법정임금을 줄 수 없는 영세업체를 위기로 몰아넣어 학생, 주부, 외국인 등 비숙련 노동자들의 실업을 불러올뿐더러 빈곤과 소득불평등을 해소하는 데 매우 비효율적이라고 반박한다. 밀턴 프리드먼은 "사람들이 저지르는 가장 심각한 실수 중 하나가 바로 정책의 성과를 그 정책의 결과가 아닌 의도로 결정짓는 것"이라고 했는데, 1988년 푸에르토푸리코 정부가 최저임금을 미국과 같은 3.35달러(평균임금의 63퍼센트)로 올리자 고용이 9퍼센트나 급락한 것이 하나의 사례다.

비슷한 시기 미국 경제학자 찰스 브라운은 최저임금이 10퍼센트 인상될 때 10대 고용률은 1~3퍼센트 감소했다는 연구결과를 발표했으나, 데이비드 카드와 앨런 크루거에 의해 곧 반박되었다.

1992년 4월 1일 미국 뉴저지주가 최저임금을 연방정부가 정한 4.25달러보다 높은 5.05달러로 인상하자, 두 사람은 최저임금법 시행 한 달 전과 시행 8개월 후에 버거킹, 웬디스, KFC 등 비숙련 노동자들이 주로 일하는 패스트푸드점을 방문해 노동자 고용 실태를 조사했다. 조사 결과 고용률은 찰스 브라운의 말처럼 하락하지는 않았다. 그러나 2002년 데이비드 뉴마크가 다시 데이비드 카드와 앨런 크루거의 조사를 뒤집는 결과를 보여줌으로써 논의는 원점으로 돌아갔다.

2014년 미국 시장경제전문 연구기관 케이토연구소는 1979년부터 최근까지 통계를 살펴본바 최저임금 인상이 빈곤율을 낮췄다는 증거를 찾을 수 없었다면서, 소득재분배를 통한 빈곤 완화가 목적이라면 차라리 소득세 같은 세제 개혁이나 인력개발을 위한 정책 투자에 힘을 쏟는 편이 더 효율적이라고 조언했다.

"1년 내내 1500만 원을 벌어 가족을 부양할 수 있다고 생각하나. 할 수 있다면 당신이 한번 해봐라"

2015년 4월 미 의회는 7달러 언저리의 최저임금을 10.10달러로 대폭 인상하는 '텐텐법'을 추진하면서 최저임금제의 실효성을 믿는 쪽으로 입장을 세웠다. 이에 앞서 버락 오바마 대통령은 "1년 내내 일해 1만 5000달러를 벌어 가족을 부양할 수 있다고 생각하나. 할 수 있다면 당신이 한번 해봐라"라는 연설로 법이 통과될 수 있도록 힘을 보탰다.

오바마 행정부의 이와 같은 행보는 실질임금이 나날이 줄고, 중산층이 무너지고, 디플레이션이 계속되는 현 경제상황을 타개

©연합뉴스

할 방안이 임금 인상뿐이라는 정책적 판단과 함께, 노조가 영향력을 잃은 오늘날 기업과 협상할 힘을 가진 대상이 국가뿐이라는 현실을 보여준다.

2009년 오바마 정부는 역대 최대 규모의 정부차입금을 경기부양에 쏟았지만 부채만 키웠을 뿐 이렇다 할 효과를 보지 못했다. 불황의 대처법으로 케인스주의를 선택한 만큼 소비 진작은 불가피한데, 정부 개입이 실패하고, 기업 투자를 강제할 수 없는 이상 남은 방법은 가계 소비를 늘리는 길뿐이다. 정부가 최저임금을 높이면 그 자체가 사회적 압력으로 작용해 전체 임금 수준도 덩달아 높아질 것이고, 세계 최고의 소득불평등 수준도 얼마간 개선될 것이다.

과거 노조가 힘을 가졌을 때는 노조가 기업을 상대로 단체교섭권을 행사하며 이 모든 일을 '알아서' 해결했다. 그러나 노조의 힘이 약화되면서, 기업과 협상할 만한 집단은 국가가 유일해졌다. 2012년 일본 아베 신조 총리가 기업 총수들에게 임금을 올려달라고 읍소하고, 아베를 비웃던 영국 데이비드 캐머런 총리가 2015년 상공회의소 총회장을 직접 찾아가 임금 인상을 요청한 배경이다.

2015년 3월 경제부총리는 한 강연에서 "최저임금을 포함한 근로자의 임금 인상이 이뤄지지 않고서는 내수가 살아날 수 없다"고 말했다. 각종 경제지표가 디플레이션 위험을 경고하고, 소득 분배 불평등이 사회 문제로 비화되던 시기에 여야가 한목소리로 정부 방침에 동의를 표했다. 중소기업과 비정규직 노동자들도 크게 반겼다.

그러면서 저마다 마지노선을 제시했는데, 우선 정부와 새누리당은 7퍼센트 인상을 주장했다. 2015년 최저임금이 시간당 5580원이므로 이 기준을 적용한다면 2016년에 최저임금은 시간당 5970원이 된다(하루 8시간씩 한 달 26일을 일할 경우, 월 124만 1760원, 연 1490만 원).

노동계는 미국처럼 1만 원을 요구했다. "한국 사회의 소득불평등과 노동빈곤의 악순환을 끊어내기 위한 불가피한 조치"라는 이유다(월 208만 원, 연 2500만 원). 재계는 비용절감을 앞세워 1.6퍼센트 인상을 말했다. 이 기준을 적용하면 최저임금은 시간당 5669원이다(월 117만 9152원, 연 1414만원).

2015년 4월 말 제10대 최저임금위원회가 2016년 최저임금 심의에 들어갔다. 사용자 측 위원 아홉 명과 노동자 측 위원 아홉 명, 공익위원 아홉 명 등 총 스물일곱 명의 위원으로 꾸려지는 최저임금위원회는 2015년 7월 9일 2016년 최저임금을 지난해보다 8.1

퍼센트 오른 6030원으로 결정했다(하루 8시간 한 달 26일 일할 경우, 월 125만 4240원, 연 1505만 원).

참고문헌

『불평등의 경제학』, 이정우 저, 후마니타스, 2010
『경제학은 어떻게 내 삶을 움직이는가』, 모셰 애들러 저, 이주만 역, 카시오페아, 2015

03

납세자

아이든
어른이든

도시에 살든
농촌에 살든

물건이든
서비스든

27원

300원짜리 자판기 커피 한 잔에

454원

5000원짜리 점심 한 끼에

모든 물건 값에
포함되어 있는
10퍼센트의 부가가치세

그리고

휘발유 1리터 894원

담배 한 갑 1543원
(판매가 2500원 기준)

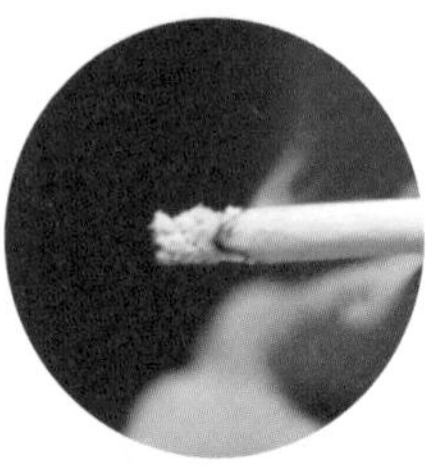

소주 한 병 44원

맥주 한 병 847원

부사나
가난한 사람이나
똑같은 금액을 내는

간접세

간접세가 정부 세수에서 차지하는 비율
대한민국 51퍼센트(2006년 기준)

OECD 평균 39퍼센트

2004년 중앙정부 지출 복지 및 삶의 질 부문
대한민국 23.4퍼센트

OECD 15개국 평균
55.4퍼센트

서민에게 불리한
납세 제도

서민에게 제대로 쓰이지 않는
세출 구조

경제개발 시기부터 실시된
주력산업 조세감면 혜택

1970년대 중화학공업 관련
조세 50퍼센트 이상 감면

경제는 성장했지만
오히려 줄어든 세금

그리고 2000년대

2001년 법인세 1퍼센트 인하
2003년 법인세 2퍼센트 인하
2004년 소득세 1퍼센트 인하

2001년 법인세 1퍼센트 인하로
7500억 원 세수 손실
0.3퍼센트의 대기업에게 돌아간 돈은
5500억 원

©임찬경

납세자

조세형평성을 가늠하는 두 개의 추

세금은 크게 직접세와 간접세로 나뉜다. 직접세는 법률상 조세 의무자와 실제 조세부담자가 일치하는 세금이다. 소득과 부의 규모에 따라 걷는 직접세는 간접세에 비해 납세자의 부담과 저항이 심하지만, 가진 만큼 낸다는 점에서 합리적인 조세이기도 하다. 소득세, 법인세, 재산세, 상속세 등이 직접세에 속한다.

간접세는 조세의무자와 조세부담자가 다른 세금이다. 상품과 서비스 가격에 대한 추가요금 형태를 취하는 탓에 납세자의 저항이 상대적으로 적어서 '스텔스 세금stealth tax'이라고도 불린다. 간접세의 종류에는 부가가치세, 인지세 등이 있으며, 주세酒稅와 도박세, 담뱃세 같은 '죄악세sin tax'도 여기에 속한다. 직접세가 소득에 비례해 세금을 부과하는 누진세율이 적용되는 데 반해, 간접세는 빈부에 상관없이 모두 같은 액수의 세금을 내기 때문에 저소득자일수록 소득 대비 세 부담이 높아지는 단점이 있다. 직접세를 간접세보다 더 진보적인 경향으로 해석하는 이유다.

국가가 세금을 걷을 때 적용하는 소득이나 재산이 많은 사람에게 더 많은 세금을 걷어야 한다는 '조세형평성의 원칙'은 균형 있는 재정을 구축하고 분배정의를 실현하기 위한 것이다. 이에 선진국은 직접세 위주로 세제를 운영하는 반면, 개발도상국은 간접세 위주로 세제를 운영하는 경우가 많다. 그러나 신자유주의 체제 이후 전 세계적으로 간접세 비중이 높아지는 추세이고, 이 흐름은 한국도 예외가 아니다. 법인세, 소득세 등 직접세 감면 정책이 연이으며 2008년 48.3퍼센트였던 간접세 비중은 2010년 52.1퍼센트로 증가했다.

래퍼 곡선을 둘러싼 증세찬반 논란

2011년 9월 17일 미국 뉴욕에서 '월가를 점령하라Occupy Wall Street'라는 구호를 내걸고 '오큐파이 운동'이 전개된 이후 '불평등'은 전 세계적 화두로 떠올랐다. 이에 부자들에게 더 많은 세금을 부과해야 한다는, 즉 직접세 비중을 더 높여야 한다는 '부자 증세' 논의가 끊이지 않았고 얼마간 실천에 옮겨지기도 했다. 이를테면 2011년 오바마 행정부는 연 소득 100만 달러 이상의 '슈퍼 리치'에게 최소 30퍼센트 이상 세금을 더 물리는 공정분배세, 이른바 '버핏세' 도입을 추진했다. 비슷한 시기 프랑스 올랑드 정부는 연 소득 15만 유로 이상의 고소득자에게 40퍼센트였던 최고 세율을 45퍼센트로 올리고, 100만 유로 이상 고소득자는 초과금액에 대해 최고 75퍼센트 부유세를 부과하는 정책을 2년간 한시적으로 시행한다고 선언했다. 그 여파로 유명 배우 제라드 드파르디유가 러시아 국적을 취득하는 등 세금을 내지 않으려는 고소득층의

'꼼수'가 기승했다. 일본도 2013년 고소득자에게 적용하는 소득세 최고 세율을 40퍼센트에서 45퍼센트로 인상했다.

증세로 인한 부자들의 불편한 심기와 별개로, 경제적 효과가 있느냐에 대해서는 찬반이 분분하다. 증세 반대 측은 우선 미국 경제학자 아서 래퍼의 '래퍼 곡선Laffer curve'을 내세우며 논의를 전개한다. 가로축이 세율, 세로축이 세수인 도표에서 역U자 모양을 그리는 래퍼 곡선의 핵심은, 감세를 해도 단순 계산으로 예상하는 것보다 세수가 줄지 않는다는 점이다. 다시 말해 세율을 50퍼센트 줄여도 세수가 절반으로 줄지는 않는다. 아마도 감세의 자극효과 때문으로 짐작되는데, 세율을 낮추면 사람들은 고용이든 소비든 경제활동을 활성화시키기 마련이고 과세 대상과 세입은 그만큼 늘어난다. 반대로 세율을 높이면 고용이든 소비든 경제활동은 둔화되고 과세 대상과 세입은 그만큼 줄어든다.

로널드 레이건이 공화당 대통령 후보이던 시절, 래퍼가 어느 날 워싱턴의 한 음식점에서 냅킨에 그려 보였다는 래퍼 곡선은 향후 전개될 레이거노믹스의 기반이 되었다. 집권기 레이건은 최고 세율을 70퍼센트에서 30퍼센트로 인하했지만, 1980~1990년까지 미 연방정부 세수는 거의 두 배로 뛰었다. 세금을 낮춰 부자들의 투자와 고용 의욕을 북돋아 새로운 부가 창출되었고, 그 효과로 사회는 발전했다는 것이다. 이것이 유명한 '트리클다운trickle down', 낙수 이론이다.

증세 찬성 측의 반론도 래퍼의 이론으로 시작한다. 레이건의 경제고문이던 아서 래퍼의 말대로 부자 감세를 단행한 결과, 레이건 정부는 국내총생산 대비 세수 비중은 줄고 거대한 재정적자를 떠안게 되었고, 결국 민주당 빌 클린턴에게 차기정권을 내주어야 했다. 세금을 올리면 경제성장이 둔화된다는 주장도 어불성설인 것이, 클린턴 대통령은 임기를 시작하자마자 곧장 증세를 단행했지만 첫 2년 동안 매달 약 25만 개 일자리가 생길 정도로 경제호황을 맞았다. 이 현상은 그 자체로 트리클다운에 대한 반증이기도 하다.

물론 최고 세율을 끝없이 높이면 어느 순간 세수가 감소세로 돌아서고 성장도 저하될 테지만, 최고 세율을 94퍼센트까지 끌어올렸던 루즈벨트-트루먼 시절에도 경제는 끄떡없이 돌아갔다. 현재 상황에서는 오히려 최고 세율을 올림으로써 얻는 경제적 이익이 더 많을뿐더러, 2008년 금융위기에 뒤따른 경제정책으로 불평등이 확대되었다는 비난 여론을 잠재울 수도 있다.

심각한 불평등은 그 자체로 경제적 불안정성을 높이고 사회적 계층 이동을 방해해 경제성장을 저해한다. 또한 영국 사회학자 리처드 윌킨슨과 케이트 피킷이 최근 증명한바, 불평등이 심한 나라일수록 영유아 사망률, 십대 임신, 살인, 수감률 등 사회적 지표가 나쁘고, 여기에 투입되는 사회·경제적 비용도 만만치 않다.

2012년 오바마 정부는 반대에 부딪혀 유보했던 '버핏세' 카드를 다시금 빼들었다. 2013년에는 전 소득계층의 98퍼센트에 감세 혜택을 주되, 상위 2퍼센트에 대해서는 소득세율을 종전의 35퍼센트에서 39.6퍼센트로 올리는 등 부자 증세 기조를 강화하고 있다.

참고문헌

『평등이 답이다』, 리처드 윌킨슨 · 케이트 피킷 저, 전재웅 역, 이후, 2012
『부자가 천국 가는 법』, 폴 크루그먼 외 공저, 양상모 역, 오래된생각, 2015

04

시장에서 생긴 일

생산자에게서
소비자에게로

상품이 도달하기까지

시장에서 생긴 일

하나 가격으로 두 개를 팔고
가격 할인 행사는 수시로

대형마트에서 물건을
이토록 싸게 팔 수 있는 이유

"할인된 가격만큼
납품 단가를 낮춘다."

때로는 원가에도 미치지 못하는
납품 단가를 받으며
대형마트의 할인 행사에 동원되는
중소납품업체들

유통분야 납품업체
58.7퍼센트 판촉행사 참여 강요 경험
33.9퍼센트 부당한 단가 인하 경험
– 공정거래위원회(2013)

©연합뉴스

그러나

재래시장과 동네 슈퍼마켓
사라지는 영세 상점들

백화점, 기업형 슈퍼마켓
온라인 쇼핑몰, 홈쇼핑, 대형마트 등
유통대기업들의
높은 시장 점유율

"유통대기업에 팔지 못하면
다른 판로를 찾기 어려워
부당한 요구도 거부하기 힘들다."

©연합뉴스

그리고

대기업 유통업체에서
벌어지는 또다른 부당행위들

매장에서 일할
판촉사원 파견 요구

외상으로 물품을 가져온 후
부진하면 납품업체에 반품하는
특약매입거래

납품대금의 일정 비율을
'판매장려금' 명목으로 요구

2009년 업계 1위 대형마트가
납품업체에게 받은 판매장려금 3688억 원
이는 당기순이익의 65퍼센트
– 국정감사 준비 자료(2010)

©연합뉴스

2013년 동반성장위원회가 발표한
대기업과 협력업체 간
동반성장지수

최하위 등급을 받은 8개 대기업 중
절반은 유통대기업이었다

시장에서 생긴 일

기형적 시장구조로 인한 문제들

갑을관계에서의 '갑'에 어떤 행동을 뜻하는 접미사 '질'을 붙여 만든 '갑질'이란 단어는 권력의 우위에 있는 갑이 권리관계에서 약자인 을에게 하는 부당행위를 통칭하는 조어다. 1981년 공정거래법 제정 이래 대기업과 중소기업, 갑과 을의 권력관계에서 비롯된 사회적 폭력은 항상 있었으나, 2013년 5월 N사 영업사원이 대리점 주인에게 물건을 더 들이라고 강요하며 폭언과 욕설을 퍼붓는 음성파일이 공개되고, 전통주 제조업체 B사 대리점 주인이 본사의 압박을 이기지 못해 자살하면서 '갑질'이란 용어가 만들어졌다. 사건 이후 N사 제품 불매운동을 시작으로 '갑질' '갑의 횡포'에 대한 폭로가 연이으며 사회적 논의가 촉발되었다. 전문가들은 대기업 독과점의 기형적 시장구조, 그로 인한 불공정한 관행과 소득불평등 같은 업계 내부의 오랜 문제들이 경기불황과 경제민주화 논의를 만나 폭발했다고 풀이했다.

2013년 5월 7일 국회에서 열린 '재벌·대기업의 불공정·횡포 피해사례 발표회'에서 언급된 사례 중 유통부문만 보자면 밀어내기, 특약매입, 판매장려금 제도 악용, 단가 인하 등 다양한 방식의 부당행위가 이루어졌다. 밀어내기는 기업이 초과생산으로 인한 재고 부담을 전가하기 위해 본사→지점→대리점 순으로 비인기제품과 유통기한이 임박한 제품을 강제로 할당하는 행위다.

자사 제품을 판매하는 특약점에 매출목표를 강제하고, 이를 달성하지 못할 시 인센티브를 주지 않는 물품 떠넘기기는 밀어내기의 '고급 버전'이다. S사 특약점의 경우 제품 판매가격이 출고가보다 낮아 물건을 팔면 팔수록 손해를 보는 구조로 설계돼 있다. 때문에 본사가 주는 인센티브는 특약점의 실질적인 수익원이 될 수밖에 없는데, S사는 이런 점을 악용해 사실상 밀어내기를 강요해 왔다.

특약매입은 대형 유통업체가 반품을 조건으로 납품업체로부터 상품을 외상으로 매입해 판매하고, 상품판매 대금의 일정 비율을 판매수수료로 받는 행태다. 이때 유통업자는 상품 '소유권'을 갖고 입점업자는 가격설정, 판매활동, 재고관리 등 실질적인 '판매 관리'를 맡는데, 상품의 소유자와 관리자가 분리된 만큼 거래과정에서 발생하는 각종 비용의 부담 주체가 불분명해지는 사례가 잦다.

판매장려금 악용은 유통업체가 납품업체를 편취하는 가장 일반적인 방법이다. 일반적으로 판매장려금은 열심히 판매한 대가로 납품업체가 유통업체에 '자발적으로' 지급하는 돈이다. 그러나 대형 유통업체들은 매입금액 대비 일정비율의 돈을 기본장려금으로 '강제'한 데 더해, 폐점장려금, 무반품장려금, 신제품입점장려금, 진열장려금, 판촉장려금, 기타장려금 등 각종 명목을 만들었다. 이밖에도 하도급 대금을 부당하게 깎고, 납품단가를 원가

이하로 내리고, 법정지급일을 1년 이상 초과해 대금을 지불하고, 반말과 폭언 등 인격모독을 가하는 일이 공공연히 자행되었다.

중소기업의 체감도를 높이는 일

N사 사태 이후 정치권에서는 앞다투어 독점 규제 및 공정거래에 관한 개정 법안을 내놓았다. 2013년 10월 관계부처는 밀어내기와 판촉사원 임금 절반을 대리점에 강요한 N사에 과징금 124억 6400만 원을 부과하고, 그해 11월 하도급법, 가맹사업법 등 공정거래관련 법률을 개정했다.

바뀐 법률의 핵심은 대기업이 수급사업자를 상대로 다양한 형태의 불리한 특수조건을 계약내용으로 설정하는 부당특약을 전면 금지하고, 가맹점 계약을 맺을 때 가맹본부의 의무를 대폭 강화하는 등 갑의 부당한 요구를 명시적으로 제한한 데 있다. 좀더 구체적으로 살펴보면 하도급 분야의 경우 세 배 손해배상제 적용 대상을 기존의 기술유용 외에 부당한 단가인하, 발주취소, 반품 등으로 확대하는 한편, 납품단가조정협의권을 중소기업협동조합에 넘겼다. 관계부처에 전속되었던 대기업 불법·위법 고발권도 중소기업청 등에 주고, 불공정 하도급 특약도 금지했다. 백화점·대형마트 등 유통분야에서는 부당한 판매장려금 금지, 특약매입거래 시 납품업체에 대한 부당한 비용전가 금지 등이 추가되었다. 가맹사업과 편의점 분야에서는 (가맹본부의) 예상매출액 범위 관련 서면제공 의무화, 심야영업 강요 금지, 매장 리뉴얼 강요 금지 및 비용분담 의무화, 정보공개서 제공 등의 제도가 새로 도입되었다. 새 법률은 2014년 2월 14일 시행에 들어갔다.

그러나 중소기업중앙회가 2014년 말 중소기업 300곳을 대상으로 벌인 실태조사에 따르면 서면계약서 발급 비율은 81.3퍼센트에서 80.3퍼센트로 개정 이전보다 낮아진 데 반해, 하도급 대금을 부당하게 감액 당했다는 응답률은 4퍼센트에서 6퍼센트로 높아졌다. 일방적인 납품단가 인하가 있었다는 응답율도 8.7퍼센트에서 12.9퍼센트로 늘었다. 이에 관계부처는 "올해부터는 불공정거래 실태점검 방식을 더 구체적이고 세밀하게 바꾸고, 법 위반 기업에 대한 조사도 강화해 중소기업의 체감도를 높이겠다"고 말했다.

05

감정, 노동자

후 와 후 와 심호흡 몇 번

목소리는 '솔' 음 정도

웃으면서 말을 건넬 것

"사랑합니다, 고객님…"

"당신 나 알아? 언제 봤다고 그런 말을 해?"

"네, 고객님께 꼭 필요한 정보를 전해드리려고요."

언제쯤 딸깍 끊어질까
우웅 소리가 들려올까
어떻게 하면 욕 안 듣고 대화를 계속 할 수 있을까
어떻게 하면 점잖게 거절당할까

후 와 후 와

나도 모르게 입 밖으로 나와버린
한숨 소리

바짝 오그라든 심장

그리고 또다시...
다른 별의 외계인에게 암호를 눌러대듯이...

하루 약 200여 통의 전화

©연합뉴스

전국 3만 5천 개 업체에 종사하는
60~80만 명의 상담원

일시적인 업체까지 포함하면
약 100만 명 추정

그중 89.2퍼센트가 여성
25~35세 집중
66.1퍼센트 비정규직

혼자되어 아이 데리고
먹고살기 위해 잡은 전화줄

숨도 안 쉬고 속사포처럼 말을 쏟아냅니다

언제 끊어질지 모를 대화를 하는 동안
나는 줄에 대롱대롱 매달려 있는 것 같습니다

통화 수, 통화 시간 실시간 모니터링
통화내용 녹취, 청취
일일이 평가되는 실적

실적에 따라
결정되는 급여

그리고

"이봐, 아가씨. 나 이런 거 필요없거든."
"또다시 전화하면 죽여버릴 거야!"
"아, 짜증나게 왜 자꾸 전화해요!"

일을 하는 동안
감정이 없는 사람이 되어야 하는

감정노동Emotional Labor

고객이 원하는 대로
회사가 원하는 대로

표정, 몸짓, 말투를 유지하고
필요한 감정만을 관리하고 사용하면서
점점 실제 감정을 잊게 되는

감정노동자

그런데 참 별일이지요

한번은 내가 쏟아낸 말 뒤로 한참 후에 들려온

"아, 예, 그렇군요……."

그 말이 얼마나 따뜻하던지요
밥줄 너머로 들리는 그 말이
네모난 박스 안에서
무수히 많은 '거부'로 숨 막히던 오후
내 어깨를 토닥거렸지요

*김해자 시인의 시 「텔레마케터와 독신자」를 변용하여 구성

감정, 노동자

21세기 피에로

감정노동은 미국 캘리포니아주립대 사회학과 교수 앨리 러셀 혹실드가 처음 언급한 개념이다. 혹실드는 판매자 중심이었던 시장이 소비자 중심으로 바뀐 오늘날, 기업과 상인 들이 고객을 이윤의 원천으로 간주하여 '고객제일' '고객지상' 같은 구호를 제창하면서 노동자의 육체와 정신은 물론 감정까지 착취하는 현실을 감정노동이라는 말로 표현했다.

혹실드에 따르면 감정의 표현양식은 표면화 행위와 내면적 행위로 나뉜다. 표면화 행위는 상냥한 인사말이나 미소 등 비언어적 혹은 언어적 표현수단을 통해 실제와 다른 감정을 위장해 표현하고, 실제 감정 표현을 의도적으로 자제하는 것이다. 내면적 행위는 고객에게 내보이는 감정을 실제로 느끼거나 경험하는 것이다. 감정노동은 내면적 행위를 억제하고 규범화된 표면화 행위를 반복적·지속적으로 수행하도록 하면서 외적으로 관찰가능한 표정이나 몸짓을 만들기 위해 하는 감정관리managed heart 자체를 가리킨다.

자신의 진짜 감정을 억누른 채 직무에 맞게 정형화된 감정을 지속적으로 노출하면 진정한 자아가 손상되는 자기소외가 일어난다. 그 결과 극심한 스트레스와 우울증, 냉소주의에 시달리고, 심한 경우 정신질환과 자살로 이어지기도 한다. 밝은 모습을 보여야 한다는 강박관념 때문에 얼굴은 웃지만 마음은 우울한 '스마일마스크 증후군smile mask syndrome'을 감정노동의 대표적인 사례로 들 수 있다.

어떤 이들은 감정노동이 모든 업종에서 수행되는 일의 한 형태라면서 혹실드의 주장을 반박한다. 사회생활을 하는 사람이라면 누구나 '사회적 얼굴' 하나쯤은 갖기 마련이라는 것이다. 그러나 감정을 조절하는 것과 감정노동은 여러 가지로 다르다. 감정조절은 정서조절의 주체가 개인에게 있지만, 감정노동은 정서조절의 주체가 문서화된 계약에 있다. 예컨대 회사에서 대인관계가 좋지 않은 직원은 직장생활이 조금 힘들어질 뿐이지만, 전화상담원이 계약서에 명시된 친절을 베풀지 않으면 해고 사유가 된다.

또한 감정조절은 업무에서 부수적인 것으로 취급되지만, 감정노동은 이를 위한 별도의 교육과 특강, 연수, 훈련 등의 프로그램이 편성된다. 호텔의 '접객 매뉴얼'이 대표적인 경우다. 감정조절은 업무 '안에서' 만난 동료와 상사, 부하직원 들과의 '관계'에서 벌어지지만, 감정노동은 업무의 '대상'인 고객과 직접 부딪히며 자신의 감정을 '상품'으로 판매한다. 무엇보다 감정조절은 직무평가 대상이 아니지만, 감정노동은 감시되고 평가되고 업무실적에 반영된다. 즉 감정노동은 "사람들과 개인적인 접촉을 해야 하고, 다른 사람들의 마음 상태를 만들어내야 하고, 감독자를 통해 감시당하는 직업에서만" 수행된다.

법적·제도적·인식적 사각지대

2012년 한국직업능력개발원이 203개 직업에 종사하는 노동자 5667명을 대상으로 한 설문조사 결과를 보면, 감정노동에 가장 많이 시달리는 직업은 항공기 승무원으로 나타났다(심각도 5점 만점에 4.7점). 홍보 도우미(4.6), 휴대전화 판매원(4.5), 장례지도사(4.49), 아나운서·리포터(4.46), 식당종업원(4.44), 검표원(4.43), 마술사(4.39), 패스트푸드점 점원(4.39), 콜센터 상담원(4.38), 미용사(4.35), 텔레마케터(4.35), 은행창구 직원(4.34)이 뒤를 이었다.

직업군별로는 음식·서비스 관련직이 4.13점으로 가장 높았고, 영업 및 판매 관련직(4.10), 미용·숙박·여행·오락·스포츠 관련직(4.04), 사회복지 및 종교 관련직(4.02)도 만만치 않은 감정노동 강도를 나타냈다. 성별은 남성보다는 여성, 나이는 30대 이하, 학력은 고졸자와 전문대졸자의 비중이 컸으며, 공공기관보다 민간기업 노동자의 감정노동이 더 많았다.

1983년 혹실드가 『감정노동』을 출간했을 때만 해도 감정노동은 중위계급, 여성에 쏠려 있었다. 그러나 제조업 같은 2차 산업이 쇠퇴하고 서비스업 같은 3차 산업 비중이 높아진 현재, 그 범위는 하위계급에까지 확장되었다. 2014년 기준 감정노동자는 약 700만 명으로 전체 노동자의 3분의 1 이상을 차지한다. 이들의 대부분이 비정규직이어서 이직률은 높은 반면, 임금과 고용안정성은 매우 낮다. 또한 산업구조의 변화 속도를 제도와 인식이 미처 따라잡지 못해 법적·제도적 보호도 전무하다.

2013년 4월 P그룹 임직원이 여객기 안에서 승무원을 폭행한 사건으로 감정노동자의 현실이 큰 주목을 받은 후, 전국민간서비스산업노동조합연맹 등이 개최한 '감정노동의 실태와 개선 방향에 대한 긴급 토론회'에서는 고객의 폭언이나 욕설, 성희롱 때문에 큰 정신적 충격을 입고 외상 후 스트레스 장애를 겪거나 알코올 등 약물에 의존하는 사례가 적지 않게 보고되었다. 정신적 충격을 받은 감정노동자가 또다시 관리직원에게 문책성 질책을 받는 것도 모자라 승진과 급여 등에서 이중으로 불이익을 받는 경우도 많았다. 집으로 돌아가서는 직장에서 받은 스트레스를 가족들에게 푸는 등 상처입은 감정이 다른 영역으로 전파되는 양상도 나타났다. 그러나 현행 법률은 감정노동자의 업무상 스트레스를 산업재해로 인정하지 않을뿐더러, 국가인권위원회가 배포한 감정노동자 처우에 관한 권고안도 강제성이 없어서 감정노동자들은 온갖 폭력적 상황에 사실상 무방비로 노출돼 있다. 현재 감정노동 산재보상 법안은 국회에서 계류중이다.

2014년 11월 L사 고객센터 상담원 이아무개 씨가 회사의 부당한 대우와 실적 압박을 이기지 못해 스스로 목숨을 끊었다. '감정노동자 보호입법추진을 위한 전국네트워크'가 ▲사업주에게 감정노동을 완화할 수 있는 업무지침을 작성토록 하고 ▲감정노동자에게 심리상담 서비스를 제공하며 ▲고객에 의한 성희롱 예방교육을 시행한다 등의 법률 개정안을 요구한 가운데, 2015년 5월 감정노동자에게 폭언이나 수치심·굴욕감을 유발하는 행위를 금지하는 '감정노동종사자의 보호 등에 관한 법률' 제정안이 발의되었다.

참고문헌

『감정노동』, 앨리 러셀 혹실드 저, 이가람 역, 이매진, 2009

06

마이너리티 리포트

망치 하나로
장벽을 허물겠다고?!

300여 년간 바뀌지 않은
영국 사람들의 '생각'

"가난은 개인의 탓이다."

강제노역
강제수용
빈민을 처벌하고 통제한
구빈법

1905년
가난을 구제할 방법을 찾기 위해
정부가 구성한 왕실빈민법위원회
그중 한 명
비어트리스 웹Beatrice Webb

"가난은 개인의 탓이 아니다."

그녀가 제시한 놀라운 이야기

"지역 교육위원회를 만들어
아동에게 맞는 서비스를 한다."

"아이 엄마에게
가족 수당을 지급한다."

"누구나 건강 서비스를
받을 수 있어야 한다."

"생존을 위해
최저임금제를 도입해야 한다."

"이 모든 것은
'국가'가 주도적으로 한다."

"그리고 시민은
자신의 의무를 다해야 한다."

"허무맹랑한 소리!"
"왜 개인의 잘못을 국가가 책임져야 해?"

결국 한낱 아이디어로 머문
'마이너리티 리포트'

그리고 1942년

전쟁으로 모든 것을 잃은 사람들
그 앞에 나타난
한 줄기 희망

사회적 보험과 서비스
일명 '베버리지 보고서'

전 국민 대상의 보편적 복지를
국가의 역할로 규정

현대 복지국가의 기틀을 만든
서구식 복지국가 모델

베버리지 보고서의
출발점은

1909년 영국에서 태어난 한 보고서
마이너리티 리포트

당시 비어트리스 웹의 조사원으로 일했던
윌리엄 베버리지

©guardian

1942년
마이너리티 보고서를 근거로
사회보장청 설치와 구빈법 폐지를 제안한다

한때 이상으로만 여겨졌던
소수 의견

현대 복지국가의 기틀이 된
'위대한 문서'

마이너리티 리포트

"1 더하기 1은 2가 아닌 11"

1858년 1월 2일 잉글랜드 글로스터셔의 명문가에서 태어난 비어트리스 웹은 부유한 철도 사업가 아버지와 리버풀 무역상의 딸이던 어머니 밑에서 어린 시절부터 다양한 책과 학문, 사회 저명인사들을 접하며 자랐다. 그중에서도 사회진화론자 허버트 스펜서와 실증주의 철학자 오귀스트 콩트에 깊은 영향을 받아 일찍부터 '공공선을 위한 자기희생'을 인생의 최고 덕목으로 삼았다. 그 때문에 성장하는 내내 태생적 자본가로서 노동자에 대한 연민도 없고 공공선에 대한 비전도 없는 부친과 불화했다.

1883년 런던 자선단체협회에 가입해 봉사활동을 시작하며 빈민의 삶에 발을 디딘 비어트리스는 가난한 사람에 대한 세간의 통념에 의문을 품었다. 1601년 구빈법을 성문화하면서 시작된 영국 빈곤정책의 근간에는 부자와 빈자는 '기질적으로' 다르다는 생각이 깔려 있었다. 즉 가난한 이는 타고나기를 게으르고 타락해서 빈곤을 자초한다고 믿었기 때문에 구제를 명목으로 제정된 숱한 법률과 제도는 빈자들을 엄격하게 격리·통제하고 더럽고 천한 일을 강제하는 형벌의 성격이 강했다. 그러나 빈민가를 돌아본 비어트리스는 "빈곤이 개인의 인격이 아니라 노동이나 경제구조와 연관돼 있으며, 심지어 아편중독자나 방탕한 빈민들조차 개인적 결함만으로 그렇게 된 것이 아니라는 사실"을 깨닫는다. 또

한 자선활동만으로는 낮은 교육수준과 열악한 주거시설, 질 낮은 보건 등 빈곤의 근본 원인을 제거할 수 없다는 확신도 얻는다.

이 확신은 1886년 유명한 사회연구가이자 사촌형부인 찰스 부스의 사회조사 사업에 참여하면서 과학으로 승화된다. 짧게나마 양복점 공원으로 취업하고, 집세 징수원으로 일하면서 런던의 대표 슬럼가 이스트엔드 주민들과 대화하던 비어트리스는 가난한 노동자들의 일과 임금, 역사, 가족 등에 대한 실제 서사를 체계적으로 기록한다. 이로써 빈곤의 '도덕적 원인에 대한 관습적인 믿음'을 반박할 실증자료와 시스템을 꿰뚫는 안목을 얻은 그녀는 영국의 만연한 빈곤과 불평등을 해소할 두 가지 방법을 유추해낸다. 즉 사회문제를 합리적으로 진단하는 과학을 발견하고, 관련 제도를 개혁하는 것이다.

이 시점에서 비어트리스는 경제학자이자 페이비언협회Fabian Society 회원 시드니 웹을 만난다. 페이비언협회는 1884년 혁명적 방법보다는 점진적 개혁을 통해 자본주의 사회의 불평등과 비효율을 제거하고 사회주의를 실현하겠다는 취지로 결성된 단체로 1906년 창립된 영국 노동당의 사상적 기반이기도 하다. 조지 버

나드 쇼, 헤럴드 라스키, 램지 맥도널드 등 당대 최고의 지성들이 회원으로 있었으며, 현실 문제를 발견하고 처방하여 공공선과 조화로운 사회를 재건하는 것을 목적으로 삼았다.

정치사회적 이상과 방법론을 공유한 두 사람은 빠르게 가까워져 1892년 결혼에 이른다. 당시 시드니 웹은 "1 더하기 1은 2가 아니라 11입니다"라는 유명한 말로 비어트리스에게 청혼했다. 자신의 삶과 결혼생활을 인간과 사회 구원에 바치기로 결심한 비어트리스는 그 길로 곧장 페이비언협회에 가입했고, 웹 부부는 1895년 런던정경대학을 설립하는 등 일평생 사회개혁을 위한 연구와 활동에 전념하며 '1+1=11'의 연금술을 실천했다.

패러다임에 도전한 소수 의견

산업혁명 이후 유래 없는 불평등과 실업과 가난이 사회 갈등과 불안요소로 지목되자, 1905년 12월 4일 영국 내각은 공적 구빈제도를 정비하고자 왕실빈민법위원회를 꾸렸다. 실황조사위원으로 구빈국을 대변하는 고위관료 네 명, 이들과 입장을 같이하는 자선단체협회원 여섯 명 등 총 스무 명이 임명되었는데, 비어트리스도 자원 활동과 사회조사 실무 경험을 인정받아 실황조사위원으로 임명되었다. 구성원 면면에서 짐작되듯이 왕실빈민법위원회는 정부의 입장을 뒷받침할 보고서를 만드는 것을 목표로 했다. 따라서 위원회는 애초에 친정부 성향의 다수파와 반대 입장의 소수파로 갈렸고, 끝내 각각의 보고서를 내놓았다.

보수주의에 바탕을 둔 다수파 보고서는 가난의 원인이 빈민들의 게으름과 무책임에 있다고 보고, 관대한 동정보다는 가혹한 징벌을 통해 스스로 책임지게 해야 한다는 현행 구빈제도의 궤를 그대로 따랐다. 또한 복지정책의 주체는 민간 자선단체가 되어야 하며, 국가는 극히 예외적인 경우에만 개입해야 한다고 생각했다.

페이비언 정신에 기초한 비어트리스 웹의 소수파 보고서는 가난이 불합리한 사회질서에서 비롯되었다고 보고, 빈곤을 개인의 기질 탓으로 돌리는 현행 제도를 폐지하는 대신 완전히 새로운 제도를 도입해야 한다고 주장했다. 즉 "국민생활 최저선을 확보하기 위해 (…) 성과 계급을 떠나 모든 이에게 다 같이 적용되는 기준"을 마련하는데, 구체적으로는 "어린이들에게는 충분한 교육을, 신체장애가 없는 건강한 이들에게는 생활임금을, 아픈 이들에게는 치료를, 일할 수 없거나 나이 든 이들에게는 적정한 생활을 보장"해야 한다. 이때에 복지정책의 주체는 마땅히 국가이고, 빈곤의 '치료'보다는 '예방'에 중점을 둔다.

비어트리스의 보고서는 물론 채택되지 않았다. 그러나 후일의 밑거름이 되었으니, 웹과 보고서 작업을 함께했던 윌리엄 베버리지가 1941년 6월 영국 '사회보험 및 관련 사업에 관한 각 부처의 연락위원회' 위원장에 임명된 것이다. 2차세계대전으로 망가진 국민의 삶을 파악하고, 이들을 효과적으로 구휼할 수 있는 방안을 모색한 베버리지는 1년 후 소수파 보고서에 기초한 청사진을 제안한다. 윈스턴 처칠의 보수 내각은 베버리지의 제안을 "많은 논란을 불러일으킬 정책적 이슈를 안고 있는 사안"으로 판단하고 내용 수정을 요구하지만, 베버리지는 이를 거절한다. 결국 정부는 '개인의 일탈적인 의견'으로 선을 긋고, 1942년 12월 '베버리지 보고서'라는 지극히 사적인 제목으로 연구 결과를 발간한다.

수백 년 편견이 무너지다

'베버리지 보고서'의 핵심 주장은 전후 영국이 빈곤 없는 사회로 나아가야 하고, 그러려면 사회복지제도가 뒷받침돼야 한다는 것이다. 사회보험이 성공적으로 작동하려면 국가 주도의 세 가지 정책, 즉 모든 아동을 건강하게 키우도록 아동수당을 지급하고, 모든 국민을 질병에서 해방시키도록 무료 의료시스템을 구비하고, 원하는 사람은 누구나 일할 수 있도록 완전고용 정책을 실시해야 한다. 이러한 조건들이 모든 국민에게 적용되는 보편적 사회보험제도가 시행될 때, 영국 국민은 태어나서 죽을 때까지 가난과 질병에서 자유로울 수 있다는 것이다.

2차세계대전으로 피폐한 삶을 살던 영국 국민들은 베버리지의 비전에 열광했다. 10펜스짜리 보고서를 사려는 사람의 행렬이 정부간행물국 앞에 1마일이나 늘어섰고, '베버리지 보고서'는 한 달 만에 10만 부가 팔려나갔다. 당시 영국의 일간지 〈데일리미러〉는 '베버리지 보고서' 열풍을 보도하며 '요람에서 무덤까지'라는 기사 제목을 뽑았는데, 이후 이 문구는 보편적 복지를 상징하는 어구가 되었다.

보고서의 인기는 정치권에 압력으로 작용해, 전쟁 이후 내각을 구성하는 1945년 7월 5일 총선거의 최대 쟁점으로 떠올랐다. 보수당은 베버리지의 주장에 반대 입장이 확실했지만 여론을 의식해 찬성을 표명했다. 자유당도 당연히 찬성이었다. 노동당은 보수당의 기만적인 태도를 비판하면서, 만약 자신들이 집권한다면 보고서와 관련한 입법 조치를 빠르고 적극적으로 추진하겠다고 공언했다.

전쟁 동안 처칠이 보여주었던 리더십에도 불구하고 총선거는 노동당의 압승으로 끝났다. (이후 영국 정치는 노동당과 보수당 양당 체제로 고착된다.) 약속대로 노동당은 이듬해 7월 국민보험제도와 산업재해보험제도를 실시하는 법안을 통과시켰고, 11월에는 국민보건서비스법을, 1948년 5월에는 국민부조법을 공포했다. 국민부조법이 효력을 발휘한 1948년 7월 5일은 영국이 복지국가로 공식 출범한 날로 간주된다.

다시 원점

1970년대 영국은 어려운 시기를 보냈다. 경제성장률은 연 3퍼센트를 밑도는데, 일본과 독일에 제조업 경쟁력이 밀리는 통에 무역수지 적자는 경제성장률을 넘어섰다. 뿐만 아니라 두 차례의 석유파동을 거치며 인플레이션은 연평균 20퍼센트를 웃돌았다. 정부가 민간제조업의 투자와 설비를 근대화하고, 임금과 물가상승을 억제하는 법안을 마련해 경제회복에 사력을 다했으나, 1976년 IMF 구제금융을 받을 정도로 상황은 더욱 악화되었다.

보수주의자들은 이것이 과도한 복지와 노조 탓이라고 몰아붙였다. 노동자들이 공짜로 돈을 받다보니 나태하고 무능한 '영국병'에 걸려서, 임금과 물가는 오르는데 생산성은 떨어지는 고복지·고비용·저효율의 경제구조가 되었다는 것이다. 이에 보수당 대표 마거릿 대처는 1979년 총리로 입각하자마자 '영국병'을 일소해 국가 재정과 무역수지를 건전화하겠다면서 복지비용 등 공공지출 삭감, 부자 감세, 노조활동 규제 등 신자유주의 경제정책을 펼쳤다. 노동자들은 1984년 광부파업 등 대규모 파업을 조직해 맞섰지만 참담히 패배했다. 재임 11년 동안 대처는 반노동법 여덟 개를 통과시키면서 영국 노조운동을 무력화했다.

동시에 가난한 하급 노동자들은 '차브Chav'라는 경멸적인 말로 불리기 시작했다. 대처는 "사회는 없다. 개인만 있을 뿐"이라면서 가난과 범죄의 책임을 개인에게 묻겠다고 선언했다. 이후 보수당은 하층민 범죄에 의도적으로 이름을 붙이고, 조사 과정에서 검경이 선별적으로 정보를 흘리고, 보수신문이 자극적인 제목과 함께 사건을 경쟁적으로 보도하는 방식으로 사회적 충격과 공포를 조장하는 전략을 폈다. 그 결과 가난한 하층민은 범죄자라는 인식이 형성되었다. 공공주택에 살면서 아이를 낳아 받는 돈으로 생계를 꾸리는 미혼모, 여자에게 빌붙어 마약과 폭행, 도박을 일삼는 남자 등 전형적인 이미지도 만들어졌다. 버버리 노바체크 패턴의 야구모자, 아디다스 운동복, 싸구려 액세서리와 '짝퉁' 프라다 운동화 등은 차브의 드레스코드가 되었다. 2015년 개봉한 영화 〈킹스맨〉에서 에그시(와 주변)에 대한 묘사는 '차브의 모든 것'을 보여준다.

보수당의 문화전쟁은 하층계급 노동자들을 태생적인 사회악, 구제불능으로 '낙인' 찍어 사회 밖으로 추방했다. 1997년 총선에서 압승한 토니 블레어의 노동당이 중산층을 정치적 짝패로 삼고, '완전고용', '재분배' 등 과거의 가치들을 축소·폐기하며 '제3의 길'을 선택한 데에는 베를린 장벽과 구소련의 붕괴 등 달라진 정치 환경 외에 이러한 사회문화적 배경이 깔려 있다. 신자유주의를 받아들인 노동당의 집권 기간 동안 양극화는 가중되고 하층민의 삶은 고달파졌으며 전통적 지지자인 노동계급은 대거 이탈했다. 2010년 노동당은 또다시 실각했다.

2011년 보수당의 데이비드 캐머런 총리는, 일하지 않으면서 의사의 진단서만 갖고 실업수당을 타먹는 '진단서 문화'를 끝내지 않으면 나라 살림이 망가진다는 논지 아래 복지개혁법을 제정했다.

새 복지정책은 복지혜택의 수급 조건을 강화하고, 일을 안 하면 보조금을 받지 못하도록 하는 등 구빈법 정신을 되살렸다. 또한 임신보조금과 아동출연기금, 교육유지수당 등을 없애버림으로써 '베버리지 보고서'를 공식 폐기했다.

참고문헌

『나의 도제시절』, 비어트리스 웹 저, 조애리·윤교찬 역, 한길사, 2008
『복지 국가』, 정원오 저, 책세상, 2010
『복지국가를 만든 사람들』, 이창곤 저, 인간과복지, 2014
『차브』, 오언 존스 저, 이세영·안병률 역, 북인더갭, 2014

07

뜻밖의 선택

우리는 너무 배가 고팠다
하지만 프로젝트가 시작되자…

아프리카 나미비아

인구의 10퍼센트도 되지 않는 백인이
국토의 80퍼센트를 소유

백인들의 농장에서 일하며
겨우 생계를 잇는
전형적인 시골 마을
오치베라 오미타라

실업률 60퍼센트
어린이 영양실조 42퍼센트
– 2007년 11월

당장의 괴로움을 잊기 위해
술에 취한 사람들

희망 없는 그곳에서 진행된
2년간의 실험

매달
100나미비아 달러(약 1만 6천 원) 지급

어떤 심사나 노동요구 없이
무조건

나이나 성별에 관계없이
모두에게

"인간으로서 최소한의
품위를 유지할 수 있도록."

각국 시민단체들의 후원을 받아
나미비아 시민단체가 진행한
기본소득 실험 프로젝트

"정말 쓸데없는 짓이야!
술에 취해 주정 부리는 주민만 더 늘어나겠지…"

"가난한 사람들은 게으른 자들이야!
그들은 더이상 일을 하지 않을 게 분명해…"

수많은 사람들의 우려 속에
2008년 1월 프로젝트 시작

한 달치 식량을 사기에도
부족한 돈

술을 사면
금방 없어질 수 있는 돈

그러나
사람들의 예상과는 다른
주민들의 뜻밖의 선택

밀가루와 이스트를 구입
빵을 구워 파는
프리다

옷감을 구입해
옷을 만들어 판매하는
에밀리아

적은 돈이지만
안정적인 소득이 생기자
당장의 배고픔을 해결하기보다
일을 선택하는 사람들

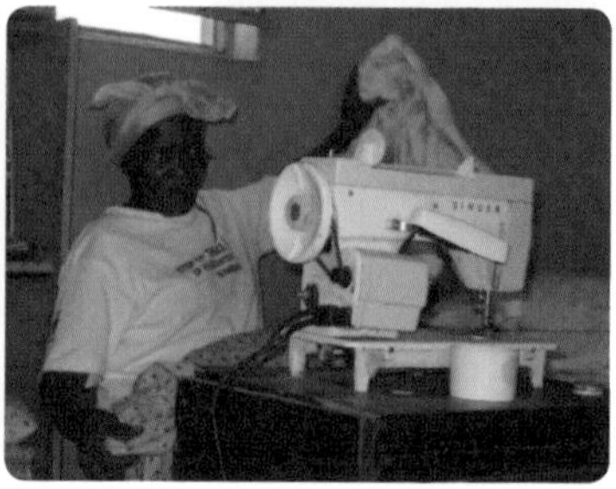

그후 1년

실업률 45퍼센트로 감소
어린이 영양실조 10퍼센트로 감소

"아이들은 먼 지역의 농장에 일을 하러 다니느라
몇 주씩 결석을 하곤 했죠.
하지만 이제 매일 학교에 옵니다."
– 우르베카 헤이타, 초등학교 교장

자신의 힘으로 돈을 버는 부모를 보며
가난에서 벗어날 수 있는 방법을
배워나가는 아이들

프로젝트가 마감된 2009년 12월,
주민 대부분은 저축을 하고 있었고
마을은 건강한 경제의 축소판을 보여주었다

"이 꿈이 오미타라 사람들뿐만 아니라
나미비아 모든 사람들에게도 실현되길 소망합니다."
– 제파니아 카미타, 나미비아 기본소득연합

경제ⓔ

1판 1쇄 2015년 11월 16일
1판 9쇄 2024년 4월 1일

제작 방송 EBS
지은이 EBS 지식채널ⓔ 제작팀
출판주관 EBS 미디어

펴낸이 김정순
기획 김소영
책임편집 한아름 김소영
해설원고 조영주
감수 KDI 경제정보센터
디자인 김진영
마케팅 이보민 양혜림 손아영

펴낸곳 (주)북하우스 퍼블리셔스
출판 등록 1997년 9월 23일 제406-2003-055호
주소 04043 서울시 마포구 양화로 12길 16-9(서교동 북앤빌딩)
전자우편 editor@bookhouse.co.kr
홈페이지 www.bookhouse.co.kr
전화번호 02-3144-3123
팩스 02-3144-3121

ISBN 978-89-5605-415-5 03320